山东省 纺织类 经典非物质文化遗产

赵宏 曹明福/主编

中国纺织出版社

内 容 提 要

山东省的纺织、服饰类非遗，形成了国家、省、市的保护层级和政府、传承人、企业、学校等共同参与的协同保护体系，纺织、服饰类非遗的经济效益与社会效益日趋协调。在山东省十余项国家级、省级纺织服饰类非遗项目中，本书精选了鲁锦、蓝印花布、潍坊刺绣技艺、曹州堆绣、乳山镂绣、枣庄民间缝绣技艺、柳疃丝绸技艺、微山渔家虎头服饰八个代表性项目，从起源与发展、风俗趣事、制作材料与工具、制作工艺与技法、工艺特征与纹样、作品赏析、传承人专访、传承现状与对策八个方面进行了简要介绍，力求做到内容全面、资料翔实。

本书图文结合，雅俗共赏，有利于广大工作者、爱好者系统了解和深入学习，同时对中华优秀传统文化的弘扬也具有十分积极的作用。

图书在版编目（CIP）数据

山东省纺织类经典非物质文化遗产 / 赵宏，曹明福主编 .-- 北京：中国纺织出版社，2018.9

ISBN 978-7-5180-5382-7

Ⅰ. ①山… Ⅱ. ①赵… ② 曹… Ⅲ. ①纺织工业—非物质文化遗产—介绍—山东 Ⅳ. ① F426.81

中国版本图书馆 CIP 数据核字（2018）第 209028 号

责任编辑：朱利锋　　责任校对：楼旭红　　责任印制：何　建

中国纺织出版社出版发行
地址：北京市朝阳区百子湾东里A407号楼　邮政编码：100124
销售电话：010 — 67004422　传真：010 — 87155801
http：//www.c-textilep.com
E-mail：faxing@c-textilep.com
中国纺织出版社天猫旗舰店
官方微博http：//weibo.com/2119887771
北京华联印刷有限公司印刷　各地新华书店经销
2018年9月第1版第1次印刷
开本：787×1092　1/16　印张：11
字数：156千字　定价：128.00元

前言

　　纺织、服饰类非物质文化遗产是我国非物质文化遗产的重要组成部分。在联合国发布的世界非物质文化遗产名录中，我国的纺织、服饰类非物质文化遗产项目有3项；在国家级非物质文化遗产名录中，共有93项，占国家级非遗名录的6.8%；列入省、市、县级的纺织、服饰类非物质文化遗产的项目更多，种类更为复杂。这些纺织、服饰类非遗分布区域广泛，关联民族众多，涵盖了绣、染、织、服饰多个类别，体现了中华民族的悠久历史和灿烂文明。保护和利用好纺织、服饰类非遗，对于丰富纺织服装文化，继承和发扬中华民族优秀文化传统，增强民族的凝聚力和自豪感具有重要而深远的意义。

　　山东省是我国丝绸的重要发源地之一，周朝时，就有了"养蚕织帛""捻线就织"的生产活动。山东省是我国重要的棉花产地，无论是种植面积、皮棉总产还是原棉出口，都在全国占有重要地位。山东省的纺织、服饰类非遗，形成了国家、省、市的保护层级和政府、传承人、企业、学校等共同参与的协同保护体系，纺织、服饰类非遗的经济效益与社会效益日趋协调。在山东省十余项国家级、省级纺织、服饰类非遗项目中，本书精选了其中的8个代表性项目进行介绍。在介绍这些代表性项目时，本书力求突出以下特点：

　　第一，方法实。在纺织、服饰类非遗的研究中，理论研究较多，通过实地考察、调研而成书的并不多见。我们课题组前赴山东省的乡村，对这8个代表性项目进行了实地走访，通过与传承人面对面的请教、交流、谈心，取得了第一手的原始资料，经加工整理编撰成这本符合传承实际、原汁原味的普及读物。

　　第二，内容全。为了能够全面认识山东省纺织、服饰类非遗传承情况，课题组对每一个代表性项目设计了8个方面的内容：起源与发展、制作材料与工具、制作工艺与技法、工艺特征与纹样、作品赏析、风俗趣事、传承人专访、传承现状与对策，力求做到每个项目的内容全面、资料翔实。

　　第三，意义新。本书是课题组编撰的各区域纺织、服饰类非遗系列书籍的一部分，也是第一本比较全面介绍山东省纺织、服饰类非遗的书籍。本书为系统、全面地了解山东省的纺织、服饰类非遗概况提供了资料，同时也为山东省其他类别的非遗项目的整理提供了参照。

天津工业大学现代纺织产业创新研究中心以纺织、服饰类非物质文化遗产的研究以及知识普及为使命，承担了相关的研究课题，举办了以纺织、服饰类非物质文化遗产保护为主题的全国学术研讨会，发表了系列研究论文，积累了大量的文字、图片、视频等资料。为了更好地弘扬纺织、服饰类非物质文化遗产这一民族奇葩，我们深感有必要对各地区现有的纺织、服饰类非物质文化遗产资料进行系统整理和分析研究。鉴于此，我中心成立了以赵宏教授为组长的课题组，在推出京津冀区域、河南省纺织、服饰类非遗书籍之后，经过课题组人员的实地考察、系统整理、认真修改后，最终形成了本书的终稿。

　　承担本书写作的有赵宏、曹明福、赵坤、赵开元、姜珊玲、刘洋等，具体章节任务如下：

　　第一章：赵坤、赵宏

　　第二章：姜珊玲、赵宏

　　第三章：刘洋、曹明福

　　第四章：赵坤、赵宏

　　第五章：姜珊玲、赵宏

　　第六章：赵开元、赵宏

　　第七章：刘洋、曹明福

　　第八章：赵开元、赵宏

　　全书由赵宏、曹明福统稿并定稿。

　　在本书的写作过程中，我们阅读、参考了国内外学者、传承人等撰写的有关资料，文中多数图片、资料来自于我们的实地调研，也有部分资料来自非物质文化遗产网、百度百科、互动百科等网络资源，在此，我们对所采访的传承人，对所阅读、参考的有关资料的作者表示诚挚的感谢。

　　本书得到国家社会科学基金艺术学项目《纺织类非物质文化遗产价值评价及分类保护路径研究》（17BG135）和天津市哲学社会科学规划项目《RMP视角下少数民族非物质文化遗产适应性研究》（TJYY16-004）的资助，在此表示真诚的感谢。

　　在课题组调研期间，得到了山东省民俗学会会长刘德龙先生、山东省文化厅非遗处领导的热情帮助。值此本书出版之际，谨对给予本书的写作和出版以帮助和支持的专家学者、领导、编辑等表示衷心的感谢。

　　本书是第一本系统介绍山东省纺织、服饰类非物质文化遗产知识的书籍，由于纺织、服饰类非物质文化遗产的保护正在不断深入，加上编者水平所限，书中难免存在不尽完善之处，恳请广大读者批评指正，以便将来修正、补充。

编者

2018 年 7 月

山东省纺织类经典非物质文化遗产

目 录

第一章

鲁锦

鲁锦，全称鲁西南民间织锦，是以山东省西南地区为核心，展现齐鲁文化特色的地方民间纯棉手工纺织物，俗称"老粗布、家织布、手织布"。鲁锦展现了鲁西南地区特色的齐鲁文化，是劳动人民在历史长河中，不断积淀，世代传承下来的地方特色民间手工艺。鲁锦非"锦"，但是由于它纹样丰富多彩，做工精致如锦，因而得名"鲁锦"。鲁锦织造技艺是鲁西南地区历代妇女们智慧的结晶，蕴含着她们独特的想象力和创造力，其纹样多表现吉祥、富贵之意，传达了织女们对美好生活的向往和对美好未来的期盼。

鲁锦织造技艺所用的原料都是纯棉布料，其传统织造工艺从采棉开始，到纺线、织布一共需要72道工序，整个工序全部是纯手工操作，染料等也都是纯天然植物染料。由于其特色的工艺条件，鲁锦的纹样多为方形几何纹，民间称之为"花格子布"，如"提花斗纹""核桃纹"等，带有鲜明的地方特色和乡土气息。由于其用料绿色环保、有益身心，因此鲁锦具有很高的使用价值。

2006年，鲁锦织造技艺入选山东省第三批非物质文化遗产名录，2008年入选国家级第二批非物质文化遗产名录（图1-1，表1-1）。

表1-1　鲁锦织造技艺

名录名称	鲁锦织造技艺
编号	Ⅷ-103
名录类别	民间手工技艺
名录级别	国家级
申报地区或单位	山东省鄄城县、嘉祥县

图1-1　国家级非遗牌匾

第一节　起源与发展

一、"锦"字来源

"锦"是中国传统的纺织技艺中最高级别的，属于高级多彩提花丝织物。锦类作品用料考究，工艺繁杂，价值很高，故有"织采为文""其价如金"的说法。而鲁锦作为民间的手工织布也被称作"锦"，是源于它工艺精湛、色彩图案丰富，人们对其称谓进行了美化。1985年，山东省工艺美术研究所将其定名为"鲁西南织锦"，后被简称为"鲁锦"。基于其多种类的纺车工具、颜色各异的天然染料、织女娴熟的工艺技艺，鲁锦形成了数以千计的纹样和花色，构图严密、色彩饱满，独具特色，其产品也扬名国内外，销售至全国乃至世界许多国家。

二、鲁锦的发展历史

山东地区民间的手工织锦技艺可以追溯到很久以前，根据考古文献记载，菏泽地区曾出土新石器时代的纺轮以及商周时期的一种木质纺织工具——腰机。而齐鲁地区种植棉花的历史也由来已久，到了春秋战国和秦汉时期，当地就已经成为我国主要的棉花生产基地，进而衍生出上千种纺织技艺。到元明时期，鲁锦的发展达到巅峰，其工艺技法达到了炉火纯青的地步，随即在明清年间成为朝廷贡品，被达官贵人视为珍宝。目前，位于中央美术学院研究所的民间工艺品标本室中，仍然保留着几百件清朝末期鲁锦作品。

鲁锦主要集中于山东省西南地区，其中菏泽市及其下辖鄄城县、东明县，以及济宁市嘉祥县最为著名。相传明朝万历年间，菏泽一代纺织产业十分发达，其地方志中有记载："妇女织布，夜纺车之声，比屋相闻。"可见纺织业在当地的兴盛程度。按照地方风俗，女子纺花织布大多是为自己准备婚嫁用的床单、被褥等床上用品以及嫁衣等婚礼服饰，来展现出嫁的姑娘心灵手巧，聪明伶俐。也正因如此，这门传统的手工技艺一代代地传了下来。当地风俗，女孩在十来岁就开始跟随母亲学习织锦技艺，从第一道工序开始逐步学习，直到上机织布纺花，从简单的棉布到花样繁杂的花布，技艺逐渐娴熟。

在东明县农村，心灵手巧的女子能织出各种复杂的图案，不仅是因为使用不同色彩的纱线，还因为她们增加了综数，甚至有些达到 12 格子综。"综"是用来指挥经线上下活动的部件，由于土织木机只有 2~4 块踏板（即 2~4 综），因此有必要增加综数，并在增加的综下面悬挂玻璃瓶，用来代替脚踏板。但是采用如此复杂的技法织花棉布，就需要织布者头脑清醒，记性力强，如果稍有不慎导致一个玻璃瓶拉错，整个布面的花纹就会出现偏差错乱。技艺精巧的织手可以织出古朴、简练的花草、动物图案，甚至有的还可以织出复杂的文字，如"青出于蓝而胜于蓝"。虽然有的织布女子并不一定识字，但她们能织出所有给出的图案。鲁锦如今已经有花色各异的土织花布纹样 2000 多种。因为手工织花棉布具有品质优良、耐磨耐穿、图案创新、色彩艳丽的特点，受到农民的热捧，甚至得到国内外诸多装饰艺术家的青睐。目前鲁锦不仅注重开发和出口，而且注重与现代人的生活习惯和方式相适应，制成各种服饰、背包等，土织花布在各大城市也风靡一时。有关部门为此于 1986 年先后在济南和北京举办了"鲁锦与现代生活"展，在国内外产生了很大的影响。

三、所获荣誉

鲁锦作为国家级非物质文化遗产，受到了政府和社会各界广泛的关注和保护。

2015 年，山东省鄄城县成立了山东省"乡村记忆"工程文化遗产保护单位——中国鲁锦博物馆（图 1-2、图 1-3），该馆收纳了鲁锦从发展起源、制作流程、制作工具到作品等各个环节的文字和实物，经常接受各地政府、企业和个人的视察和参观，获得了很多荣誉（图 1-4~ 图 1-6）。

图 1-2　中国鲁锦博物馆（一）

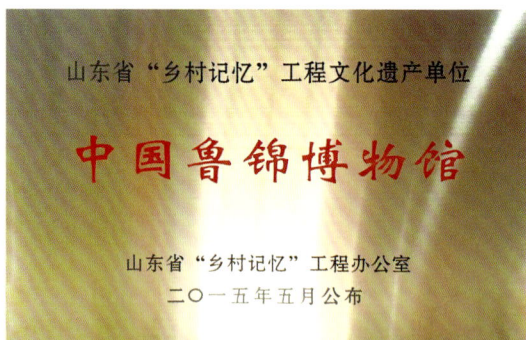

图 1-3　中国鲁锦博物馆（二）

图 1-4　2007 年参加中国非遗专题展

图 1-5　2012 年中国家纺手工精品创意大赛金奖

图 1-6　2012 年中国非遗传统技艺大展金奖

四、"精一坊"鲁锦

　　传统社会一般是自给自足的小农经济，受到这种模式的影响，鄄城鲁锦的织造功能仅体现在制作自家的衣料和铺盖。仅有为数不多的农民将自家多余的棉织锦拿到集市上售卖，来换取其他的生活必需品。将其放置于店铺作为商品售卖出现的更晚些，"精一坊"就是鄄城早期经营生产棉织锦的老字号。

　　1947 年，"精一坊"鲁锦的创始人路明仅有 21 岁，他看到当地的妇女自纺自织的棉锦制品花色艳丽、细密厚实，使用时舒适透气吸汗、手感越用越绵软，于是在自己家的布料店开始售卖棉织锦。先是给当地农妇提供棉花纺棉线，然后再回收织锦，同时结算其加工费。路明不仅将棉织锦售卖到当地，还远销至河南、安徽和河北一带，棉织锦的生意越做越大，并给布店起了字号"精一坊"。

　　新中国成立后，出现了大量工业印花织布，这些布料幅面宽、不褪色、轻便易洗涤、价格低廉，严重影响了手工织布的市场竞争力。于是"精一坊"布店逐渐缩小其经营范围，主要经营机织布料，但是依旧保留了部分手织提花土织锦面料供应。1952

年，实行商业公私联营后，"精一坊"棉织锦店遂告歇业。

1983 年，由于改革开放的政策鼓励，开始允许个体经营。于是"精一坊"布店重新在鄄城老城南街营业，仍旧采用传统的手工棉织锦定织，将购买来的棉纱送到工厂染色制成色纱，然后分派到每个织锦户家中，按照布店提供的样布，用传统的木织布机织造，回收成品时按照织锦的长度给织工结算工费。1984 年，鄄城县工艺美术厂成立了鲁锦开发领导小组，开始产业化运营鲁锦。作为个体户的"精一坊"布店和国企工艺美术厂一起合作，创造出了很多鲁锦的新花色和新产品。这对鲁锦的传承和发展，以及这项技艺的保护做出了很大的贡献。

1995 年 8 月，路明之子路维民认识到，如果要想实现产业化运营鲁锦，就必须扩大生产规模，提高鲁锦制品的质量，提升现有织品的设计水平，从而与现代人的欣赏角度和生活方式相适应。于是，他找到了一些志同道合的人，一起成立了鄄城县鲁锦工艺品有限责任公司，并将"精一坊"老字号注册成公司的商标。

第二节　风俗趣事

一、纹样名字有新意、劳作过程添乐趣

鲁锦作为鲁西南地区传统的织布工艺，是自古便流传下来的传统手艺。这种手艺一般都由农家女掌握。主要原因在于：其一，整个织做过程流程众多，工艺繁杂，需要十足的细心和耐心，每一个步骤都不能落下；其二，织做过程既耗时又枯燥，从采棉开始有几十道工序，虽然不是重体力劳动，但是每一个环节都需要耗费不少时间，比如纺线，一般每个人一天也就纺三四两，过程进展比较缓慢。因此这就需要赋闲在家的女子们来从事这项冗长的工作，也是所谓男耕女织的写照。

但是长期重复地进行这些操作，在织布机上一坐就是一天，难免会出现腰酸背痛、两眼昏花的情况，生活变得枯燥乏味。因此，机智的手艺人们就给这些传统工艺流程编成了词，谱上了曲，形成了一首首民谣，在织布过程中传唱。同时，她们还给不同纹样的布料起了不同的名字，一来为了方便好记，二来也作为平凡生活的点缀。

有根据花纹形状起的名字，比如"猫蹄纹"，就是布料上的图案是一团团形如猫蹄印的花纹；"鱼眼长流水"，就是织出来的花纹形如鱼的眼睛；"面旗挂手表"，就是布料底纹像一面旗帜，而上面的花纹像一块块手表。

也有把情感表达融入名字中的，比如"难死人"，就是一种工艺极为复杂的布料，花纹繁杂，用老百姓的话说：织这种布能难死你，因此起名"难死人"。织这种布料，一只脚要负责两个脚踏子，要随时换脚，错了一点就要拆了重做，而且拆的过程比织布还要慢，因此十分复杂。把这种复杂的工艺起了个通俗易懂、接地气的名字，

也体现了当地老百姓勤于劳动、积极乐观的心态。

二、鲁锦称号遭质疑、数次庭证终正名

2007—2009 年，为保护鲁锦名称的知识产权，由鲁锦博物馆馆长路维民组建的鄄城县鲁锦工艺品有限责任公司投身到鲁锦商标诉讼案中。起因在于一家名字中带有"鲁锦"的公司，1999 年注册了"鲁锦"的文字商标，并逐渐成为了"中华老字号"会员，该公司发现鄄城县鲁锦工艺品有限责任公司和其代理商一直生产和销售带有"鲁锦"商标的产品，就向法院提起诉讼，认为鄄城县鲁锦工艺品有限责任公司和其代理商构成商标侵权。对于此，鄄城县鲁锦工艺品有限责任公司提出抗辩，认为"鲁锦"是一种通用名称，而援引法律条文，注册商标专用权人无法禁止他人正当使用通用名称。据此，鲁锦工艺品有限责任公司提供了大量的证据资料，以证实鲁锦是鲁西南民间织锦的通用名称，是历史文化遗产。法院也通过比对和分析双方提供的证据，历经三次庭审和答辩，最终认为鲁锦作为一类手工纺织品的属种已经被社会公众接受，并以此形成了相对稳定的市场环境和消费群体，可以认定其为通用名称，最终判定鲁锦工艺品有限责任公司和其代理商并未构成侵权，鲁锦这一称号就此保留了下来，为今后整个鲁锦产业的健康发展奠定了基础。

第三节 制作材料与工具

鲁锦的制作大大小小需要 72 道工序，从采摘棉花开始到纺线、染色、织布等，每一步都需要特殊的工具操作，无不凝聚着劳动人民的智慧。以下展示部分鲁锦织造所用的工具，比如采棉晾干以后弹棉花用的弹花弓、弹花锤；纺线用的纺车、打车；盘线用的络子、风车；织布用的线综、线梭等。

一、弹花弓、弹花锤等

弹花弓是手工弹棉花的工具（图 1–7）。一般为木质，弓弦由牛筋或棉线制成，搭配木槌等对着棉花进行击打，将紧致的棉花弹蓬松，以备后用。

二、纺车、打车等

纺车是纺纱线的工具。一般由手摇的驱动轮和一个纱锭组成，通过手摇带动纱锭转动，将弹好的棉花纺成纱线（图 1–8）。

图 1-7 弹花弓、弹花槌等

图 1-8 纺车、打车

三、络子

络子的作用类似于现代纺织工艺的筒纱，其形状像宫灯的骨架，是将浆好的纱线盘在其上备用的工具（图 1-9）。

四、线综

是一种上下提拉经线的工具。织布时拉动线综可以将经线分离，使线梭穿过，然后合上经线锁住纬线。鲁锦一般都是四片综或六片综织造（图 1-10）。

五、线梭

是一种穿线用的木质工具。其两头尖中间粗，呈中空状，可以把纱线放在腔内，织布时来回飞动线梭。"穿梭"一词的意思就是来源于此（图 1-11）。

六、各式织机

不同技法也需要不同的织机来完成，部分部件的更改配上颜色各异的棉线，就能做出多种多样、花样丰富的作品。如图 1-12~图 1-17 所示。

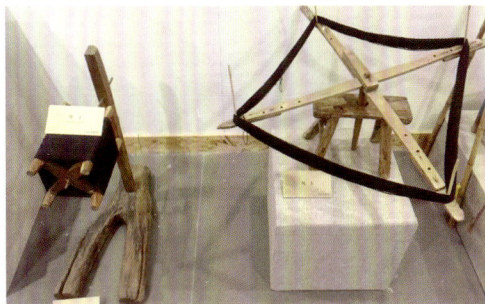

图 1-9 络子、风车等

图 1-10 线综

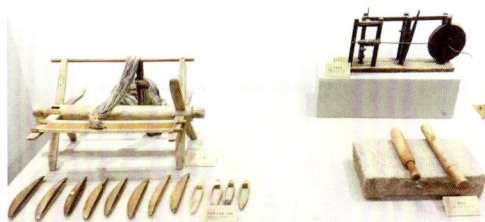

图 1-11 各式线梭

图 1-12 提花技艺的织机

图 1-13　打花技艺的织机

图 1-14　平织技艺的织机

图 1-15　包花技艺的织机

图 1-16　缂花技艺的织机

图 1-17　坎花技艺的织机

第四节　制作工艺和技法 ❶

鲁锦作为传统的民间手工艺，整个织造过程都是在农民自己家里完成，从采棉开始，到纺线、上梭，最终到上机织布成成品，总共要经过 72 道工序。当地百姓为了更好地记住这些流程，专门为此编写了《棉花段》歌谣，代代传唱。部分歌词如：

天上星星滴溜溜转，听俺表表棉花段。

庄稼老头去犁地，犁耕耙套都带全

……　……

打车子打、线柱子穿，浆线杆驾着浆线椽

……　……

以下详细介绍鲁锦织造过程中的部分主要工序（图 1-18）。

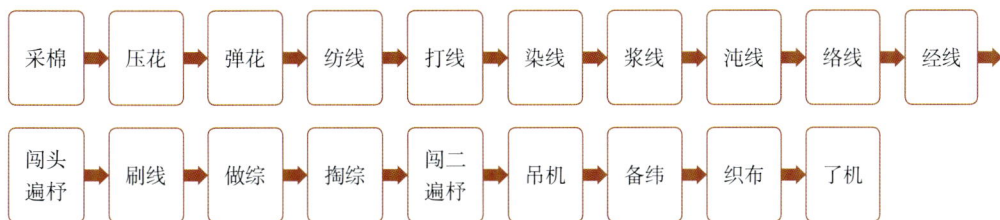

采棉 → 压花 → 弹花 → 纺线 → 打线 → 染线 → 浆线 → 沌线 → 络线 → 经线 →

闯头遍杼 → 刷线 → 做综 → 掏综 → 闯二遍杼 → 吊机 → 备纬 → 织布 → 了机

图 1-18　鲁锦织造技艺部分主要工序

一、采棉

摘棉花是个既仔细又累人的活。由于棉桃成熟不均匀，成熟度好的棉桃要先摘下来，还未绽放的棉桃要先保留着，隔几天再检查一次，如此反复多次，直到霜降之后棉桃再也不会继续绽放，这时就将整株棉花连根拔起，堆到阳光充足的地方，靠风吹日晒催裂棉桃，掏出棉花。

二、压花

旧时，民间压花机是在一个方形的木框里安装一个铁棍和一个连着绞把的木棒，使用时将轧花机固定在长凳上。工作原理是依靠紧贴着的一根铁轴和一根木轴各自反方向的转动，将柔软的棉纤维卷过轧花机，把硬质的棉籽留在轧花机的背面。

三、弹花

弹花的作用是让棉纤维膨胀疏松，以利于棉纤维均匀的拉出和加捻。弹花的工具很简单，是一张弹花弓，外加一把枣木旋成的弹花锤子。

---

❶ 本部分内容根据鲁锦博物馆图文资料整理。

四、纺线

纺线工序就是将弹好的棉花用纺车纺成细长的棉线。纺线时，首先要将棉花搓成细长的棉"针儿"。把弹过的棉花在桌子上铺平，摊成一个细长的平面，再用手搓着高粱秆搓成"补儿"——中空的圆棉条。纺线时将纺车支在地上，然后靠右手转动纺车，带动线锭转动。左手捏着棉补儿逐渐地向后牵引，越来越长，棉补儿上的棉花随着线锭的快速转动加捻不断变细，等到捻度达到要求后，左手慢慢由后向前，把纺好的线缠绕在线锭上，然后不断重复上一次的过程，直到把一条棉补儿纺完，再拿一条新的棉补儿接上。

五、打线

从线穗子上摘下来的纱线卷得非常紧密，无法进行染色和浆线加工。所以必须经过打线的工序，将线卷绕成线桄。打线工序要通过打车完成，先把线穗上别好的线头找出，将其牵引到打车上，左手轻轻地扶住纱线，右手拿一根高粱秆，拨动打车旋转，将线穗上的纱线一圈圈卷到打车上。打完一穗再接一穗，等打车上的纱线缠到一定厚度，就将纱线桄从打车上取下来，用纱线后端的线头扎好线桄。

六、染线

染线先要把棉线桄放在水里充分的浸泡，并反复用棒槌捶打，然后拧水晒干，这样处理的目的相当于现代染色前的煮练，主要是破坏棉花的蜡质层以及取出棉纱里的灰尘等杂质，使棉纤维具有更好的吸水性，方便染色时纱线上色。染线时一般使用铁锅加热，锅内放入清水，加热成温水后将按照比例配好的染料下锅，待煮开后将打好的线桄放入。边煮边搅拌，尽可能让纱线充分吸附颜色，并达到均匀上色的目的。为了增加纱线的色牢度，还要酌情添加盐和白酒，可以达到固色增艳的效果。

七、浆线

手工纺织的纱线由于捻度不够大，加之条干不均匀，粗细差别较明显，因此纱线的拉力和强度较差。浆线就是在经纱上施加浆料以提高强度的工艺过程。浆线时一斤线要使用一斤二两白面，先把白面攥出面筋澄出淀粉后熬成糨糊，再加入适量清水搅匀，然后把纱线浸入泡透，捞出来后挂到光滑的木杆上晾干。

八、沌线

浆好的线先在木杆上晾一会儿，这个时候要不断盘拧线桄，让浆液充分与纱线接触并渗入。待水分散失一部分，纱线尚未干透黏结的时候，将合手的沌线短木棒穿进线桄内，带动线桄先上后下猛力沌线，边沌边搓，等到纱线彻底干透，浆过的线没有了黏性，相互不再粘乱，就为下一步的络线打下良好的基础。

九、络线

浆好的纱线都是成桄的，但线桄的使用有很多局限性，为了便于下一步的经线程序顺利进行，还要把线桄络到络子上，形成类似现代纺织工艺里用的筒纱。

十、经线

经线是织造过程中的重要环节，也是最复杂的一步。通常需要三人完成，首先要有宽敞干净的空地，搭好架子后在经线杆上用铁丝做出若干铁环，便于棉线通过。然后根据布匹的长度在地上设置木橛挂线，木橛数量及其之间的距离决定了织物的长度。经线决定了布匹宽度和经线色彩的配置。

十一、闯头遍杼

闯杼是刷线前的必备工序，闯杼时先将交叉线头从线团中掏出来，拉出长约一米的线段，并把线段缠系到拉扒的立杆上。用两根枣木制成的交棍分别从经线的交叉点两侧穿过，代替捆扎线绳的作用。交棍两端分别有线绳连接，防止交棍滑落出现"跑交"的失误。将交棍绑在圣花的木齿上，把杼平架到圣花上面，用竹片削成的闯杼篾将经线按照顺序依次闯入杼眼，闯好的经线要用高粱秆穿好防止经线滑脱。

十二、刷线

刷线就是用竹刷整理好的棉线，通过机杼的梳理，使之平整顺滑，为上机做最后的准备。

十三、做综

综是上下提拉经线的部件，它的作用是分开经线让梭子穿过，然后合上经线锁住纬线。综片的多少决定经线分开的层次和织造图案的复杂程度。使用两片综提合经线织出的布是平织布，只有使用四片及以上的综片提合经线织出的布才是提花布。鲁锦就是应用四片综或六片综织造出来的。

十四、掏综

综的作用是在织布时拉开和合拢经线，综的片数越多，经线可以分开的层数就越多，面料的花纹图案也就越复杂。掏综是鲁锦纺织程序里技术难度最高的环节。掏综工序决定了鲁锦提花图案的设计能否落实到位，因此正确的掏综方法对鲁锦织造来说具有重要的意义。

十五、闯二遍杼

掏综完成后，经线的花色图案已经固定成型，这时还要将全部经线重新闯入织布杼眼内。与刷线时闯杼相同的是从经线的一侧依次进行，决不允许杼眼内有重复线和交叉线的存在；另外需要特别注意的是，织布杼的作用是打紧纬线，其密度对成品布幅的宽窄和面料成品质量都有决定作用。

十六、吊机

鲁锦织机是木结构的，采用当地出产的枣、槐木等硬杂木制成，结构简单，但结实耐用。织机一般长1.8米，宽0.8米，高1.7米。主要部件有：机身、蚂蚱腿、机楼、滑子、圣花、缯棍、缯片、脚蹑、卷布轴、绳框、座机板。除了织机机身框架是固定在一起的，其余各个部件都是可以随意拆装的。吊机的工序是将整理好的经线安装到织机上，通过和织机各部件间的连接、调试，实现经线和织机的默契配合，为织锦做好最后的准备。

十七、备纬

前面经线的工序完成之后，吊好织机准备织布时就可以准备纬线。在鄄城有两种做纬线的方法，分别适用于不同类型的织布梭。一种是"做穗子"，用手工缠成中间粗两端细的线穗，大小以恰好能安入织布梭为准。另一种称作"打搂福"，以纺线车位工具，将苇子秆做成的纬筒套到线锭子上，转动纺车，把络子上的线卷到苇子筒上。

十八、织布

织鲁锦的时候往往根据面料的设计准备不同数量的梭子，最少的一把，最多的有十几把。通常使用最多的是四五把梭子。梭子使用得越多纬线颜色越丰富。织造过程中经线和纬线经常会断线，为了不影响布面质量，经纬线的断线要及时接头，防止跳丝现象的出现。

十九、了机

一台织布机上的织锦接近尾声时，卷经轴上的经线放到底就要准备了机了。由于最后一段经线距离综片还有一段距离，艺人们为了把全部的经线都织成布，往往用两根线绳系住最后挂着经线的高粱秆，然后逐渐放长线绳，将经线一直送到综片前面，尽量多织两尺布，避免经线的浪费。这一段布料被称为"了机头"。了机的工作包括剪断经线，放下悬吊的绳框，取出织布杼，摘下综片，放下脚蹑，将成品布料从卷布轴上卸下来，卷成布卷待用。缠在络子上没有用完的线还要用打车打成线桄以备下次使用，至此，织布工序全部结束❶。图1-19和图1-20是传承人在现场演示织布过程。

❶本部分内容根据鲁锦博物馆图文资料整理。

图 1-19　传承人在现场演示织布过程（一）　　　图 1-20　传承人在现场演示织布过程（二）

第五节　工艺特征与纹样

　　织布时梭子数量的多少决定了纬线的颜色多寡，也影响到织出来的布的花样多少。自古以来，采棉织布是略显枯燥无味的过程，但是人们为了增加乐趣，缓解压力，发挥奇思妙想创造出了各式各样不同的花纹和图案，也分别取了不同的名字，给这项工作平添了不少乐趣。以下展示部分挂壁作品的织做纹样，比如形如灯笼的灯笼花纹样；像车轱辘压过印记的轱辘线纹样；合斗纹纹样；形如鹅眼以及鱼眼的纹样（图 1-21~图 1-26）。

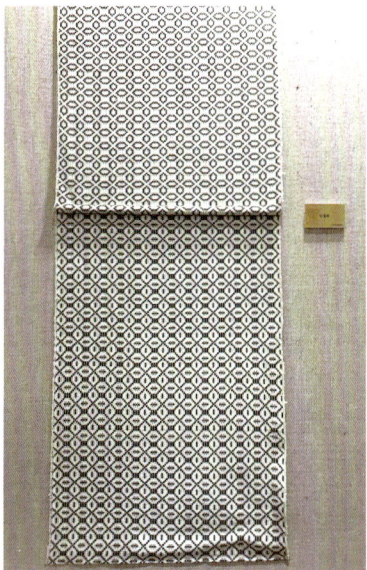

图 1-21　灯笼花纹样（一）　　　　　　　　　图 1-22　灯笼花纹样（二）

图 1-23　轱辘线纹样

图 1-24　合斗纹纹样

图 1-25　鹅眼枣花纹样

图 1-26　鱼眼纹纹样

第六节 作品赏析

鲁锦基于其悠久的传承历史和复杂的工艺，生产了不计其数的精美作品，本部分以"精一坊"生产、鲁锦博物馆展出的各类产品为例，展示部分作品。

一、纹样各异的精美布料

图 1-27~ 图 1-40 所示是纹样各异的精美布料。

图 1-27 蓝黄板难死人

图 1-28 鱼眼长流水

图 1-29 黑镶边鱼眼长流水

图 1-30 多色斜纹

图 1-31　蓝镶边平纹长流水

纹样介绍
WEN YANG JIE SHAO
中国鲁锦博物馆

蓝镶边平纹长流水

在众多的织锦品种里，蓝镶边长流水是极有特点的一种，群众以此作为褥子的专用面料。蓝镶边长流水是自明清以来极为流行的传统锦纹，它反映了人民群众期盼幸福生活细水长流的愿望。

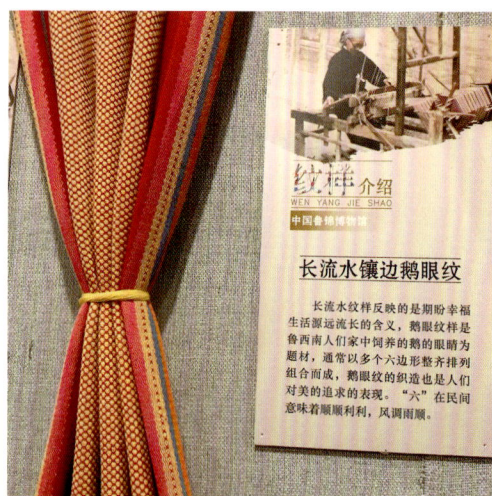

图 1-32　长流水镶边鹅眼纹

纹样介绍
WEN YANG JIE SHAO
中国鲁锦博物馆

长流水镶边鹅眼纹

长流水纹样反映的是期盼幸福生活源远流长的含义，鹅眼纹样是鲁西南人们家中饲养的鹅的眼睛为题材，通常以多个六边形整齐排列组合而成，鹅眼纹的织造也是人们对美的追求的表现。"六"在民间意味着顺顺利利，风调雨顺。

图 1-33　雪里飘花

纹样介绍
WEN YANG JIE SHAO
中国鲁锦博物馆

雪里飘花

俗话说："冬天麦盖三层被，来年枕着馒头睡"，雪花象征着丰收。"瑞雪兆丰年"，人们往往通过雪花寄托期盼丰收的愿望。

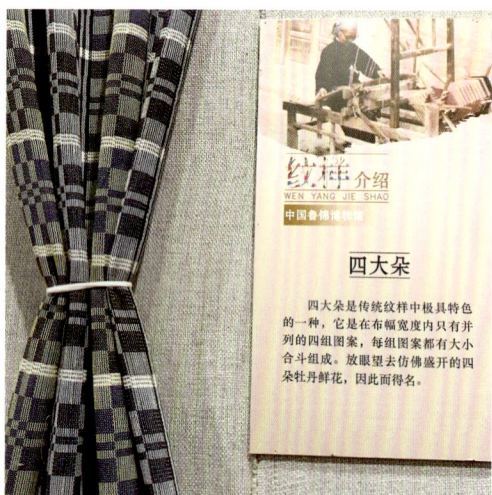

图 1-34　四大朵

纹样介绍
WEN YANG JIE SHAO
中国鲁锦博物馆

四大朵

四大朵是传统纹样中极具特色的一种，它是在布幅宽度内只有并列的四组图案，每组图案都有大小合斗组成。放眼望去仿佛盛开的四朵牡丹鲜花，因此得得名。

图 1-35　玫红格蓝灰小斗纹

纹样介绍
WEN YANG JIE SHAO
中国鲁锦博物馆

玫红格蓝灰小斗纹

在鲁西南的农村，"斗"是生活中不可或缺的日用品，收获粮食时用斗计量当年的收成。斗纹的寓意是富裕、丰收，是吃穿不愁的吉祥物。日进斗金是庄户人的期盼，但丰衣足食是农耕社会的普遍理想。

图 1-36　桔（橘）黄板鱼眼合斗

纹样介绍
WEN YANG JIE SHAO
中国鲁锦博物馆

桔黄板鱼眼合斗

鱼眼纹样反映的是"多籽"和与生育繁衍相关的含义，合斗纹又称竹节纹，是人们对美好生活的寄托，它的造型也与农村储存粮食的容器非常相似，人们用这样的图案来寓意今后的收成越来越好，今后的生活越来越好。

图 1-37　八板齐

图 1-38　合斗星星呢

图 1-39　猫蹄纹

图 1-40　面棋挂手表

二、旧时衣裳

图 1-41 和图 1-42 所示为鲁锦的传统服饰。

图 1-41　鲁锦的传统服饰（一）

图 1-42　鲁锦的传统服饰（二）

三、现代服饰

图 1-43 和图 1-44 所示为鲁锦的现代服饰。

图 1-43　鲁锦的现代服饰（一）

图 1-44　鲁锦的现代服饰（二）

四、家居用品和饰品

图 1-45~ 图 1-48 所示为鲁锦的家居用品和饰品。

图 1-45　鲁锦的家居用品（一）

图 1-46　鲁锦的家居用品（二）

图 1-47　鲁锦的家居用品（三）

图 1-48　鲁锦的饰品

第七节　传承人专访

　　鲁锦织造技艺目前主要有两位省级代表性传承人，分别为刘春英女士和刘爱玉女士。笔者在对鲁锦博物馆的参观中，邀请到了刘春英女士，对其进行了专访。

一、请问：您从什么时候开始学习鲁锦？现在如何从事传统的鲁锦织造工艺？

　　刘春英女士：我从十四五岁开始学习织布，到现在我五十多岁，算下来有三十多年了。现在我们有一个专门生产鲁锦的工厂，叫"精一坊"，我们平时在家里做，厂里接到订单，需要我们做产品，我们就会根据订单情况做相应的产品，到时候厂里派人去家里收。

二、请问：厂子里给您下的订单多吗？手工织布的产量如何？

　　刘春英女士：这个没有具体的数字，订单来了就照着订单生产，单子多了，收入就会高一点；单子少了，收入就会低一点。具体每个月有多少订单不是很确定。手工编织的产量，正常情况下一天能织五六米布，当然好织的布，织的就多一点；花纹复杂一点的，织的就少一点。手工织布就是这样，速度慢，产量低。

三、请问：您现在的收入情况怎么样？

　　刘春英女士：作为省级传承人，国家每年都有 6000 元的补助，厂里收布，差不多一米能挣十来块钱，具体金额也是根据订单的情况，平均下来一个月能有两三千元的收入。平时的时候，就是干农活，挣钱养家。

四、请问：现在的传承情况怎么样？有成规模的培训班吗？

　　刘春英女士：现在愿意学这个手艺的人不多了，特别是年轻人，愿意干这个的很少。我有一个儿子，今年 21 岁了，在济南读大三，平时家里简单纹样的布他也都会织，但是复杂一些的他就不会了。至于培训，现在组织人员学习的难度比较大，年纪大的人多少会一些织布技巧，也有一些愿意来学习的，但是年轻人大多不愿意来学了。以前妇女不兴外出打工，所以都是在家织布纺花，做一些家里日常的床单、被罩等，或者是出嫁的时候陪嫁的衣服和嫁衣，这些都是自己手工织做的。现在年轻的姑娘都外出上学、打工了，留在家里的也都有事情做，很难组织起成规模的培训班了。

五、请问：您对鲁锦工艺的发展经历有何体验？

刘春英女士：我从十几岁开始学习织布纺花，那个时候家家户户都做这个。差不多到我结婚以后，手工织布慢慢就开始走下坡路了，算下来有二十多年了。后来九几年的时候，咱们这就成立了"精一坊"厂子，可以从我们这里收布。农村妇女平时也没地方挣钱，刚好做这个也能挣点钱贴补家用，那个时候按一块多钱一米的价格收。现在，收一米布大概十来块钱，一个月平均也能拿到两三千块钱。挣的钱差不多够孩子生活费的。

六、请问：不同的纹样您是怎么做出来的？

刘春英女士：小时候都是跟家里老人学怎么做花纹，到现在做了三十多年，靠的都是经验了。像一些挂壁的料子，要单独织进去花纹，织布的时候要变、换线，所以做起来就慢。现在订单下来，做得更多的都是普通纹样的布了，复杂的工艺做得也比较少了。

七、请问：产品的销售情况怎么样？

刘春英女士：除了厂子里日常的订单生产，一般外出参加展会，在会上也会卖一些床上用品，如三件套、四件套和披肩等。这边有一个比较大的客户，是青岛一家大型的酒店，他们每年都会定做床尾巾，用来装饰酒店的床尾。这些床尾巾都是纯手工织做出来的。

八、请问：现在从事这门手艺的人还多吗？

刘春英女士：现在"精一坊"在下面收布，做的人也就十来个人，都是像我这个年纪，五十来岁。而且其中有的人会的也不多，只能织一些平纹的布，会做提花、四片缯、六片缯的人很少。这主要因为掏缯比较复杂，该掏哪一根就得掏哪一根，错一点，织出来的布花纹就不成形了。每一种花纹都有不同的掏缯方法。掌握起来不容易。

九、请问：您还打算继续干下去吗？

刘春英女士：手工织布干起来身体累，一坐就是一天，而且现在织布的都是五十多岁的老年人，身体消耗的大。像有些针脚密的布，拉杼的力气要很大，对胳膊的损伤也比较大。尽管如此，我觉得我现在的身体还可以，趁着有体力，能多干就多干一点，争取能把这个手艺传承下去。

第八节 传承现状和对策

一、发展现状

鲁锦作为 2008 年入选的国家级非物质文化遗产，相比其他项目得到了比较妥善的保护和发展，如位于鄄城县的鲁锦博物馆，详细介绍、记录和留存了鲁锦工艺的相关内容和产品。位于周边县市的鲁锦加工厂，也都有较为稳定的生产条件和人员配置。在对鲁锦的宣传保护方面，笔者在调研期间了解到，2017 年下半年就有几家媒体拍摄了专门的鲁锦纪录片、宣传片，鲁锦博物馆也被列为爱国主义教育基地，接受各地的学习和参观。就目前来看，鲁锦的保护工作取得了一定的进展。

但是，长远来看，保护非遗是为了让其能够源远流长地传承下去，不仅要考虑眼前的现状，同时也要做好以后的保护规划工作，日后的保护工作是否可以顺利展开，还需要考虑政府扶持、市场环境、人员培养等方面的问题。

二、存在的问题

1. 市场环境不健全

鲁锦全是手工织做，产品周期长，加上人工费，价格自然很高，再加上产量偏低，因此，现代市场对传统的鲁锦市场定位更多偏向于轻奢等级。但是为了满足大众的需求，市场上也开始出现大量机织布、机器印染的布料，甚至是贴牌生产的机织品，织做出来的产品外观与手工的相差无几，常人难以分辨。两极分化的市场不仅会有"劣币驱逐良币"的隐患，同时也加速了传统技艺的消失，让非遗的传承变得没有意义。

2. 经济效益无法提高

鲁锦作为一项国家级非物质文化遗产，织造技艺无论是过去的纯手工织做，还是如今结合现代化机械的生产方式，都属于劳动密集型的轻工业，手工传承的本质就决定了它即使实行生产性保护，也无法实现大规模的量产，经济效益无法实现显著提高。一旦劳动力的投入产出比例不理想，自然也就无法将年轻一代的传承人群从其他行业吸引过来。

3. 年轻学员难以吸纳

由于旧时学习鲁锦织布纺花的主要都是赋闲在家的农家女，她们一方面给家里添置用品、为自己织做嫁衣，另一方面也打发了大部分无聊的时间。但是随着现代社会的发展，社会节奏加快、经济水平和消费水平迅速提升，传统的织做方式甚至无法满足她们基本的物质生活需求，年轻人乃至中年妇女纷纷外出求学、打工，农村留守更多的是年长的妇女们。因此吸纳新学员学习鲁锦手艺，从人员上出现了直接的难题。

同时，鲁锦技艺的学习需要长时间、不间断的训练，需要时间的打磨和消化，但是繁忙的工作无法让年轻人抽出更多的时间学习这门手艺。而吸纳来的中老年人，身体机能下降、体力衰退，学习能力自然也下滑，使得鲁锦技艺的传承出现了严重的断层。纵使路维民馆长和刘春英等传承人有意牵头组织稳定的培训体系，也难以开展。

三、对策建议

1. 完善政府关怀举措

针对目前从事鲁锦织造的大多为五十岁以上的妇女，子女多在外地读书、工作，而她们则常年在家纺花织布的现状，建议除了政府给相应级别的传承人发放传习补贴外，当地政府还应加强对鲁锦传承人的慰问和关怀，不仅在政策上给予支持和保护，在实际生活中也应该做到适当的跟踪和关注，把对现有传承人的保护工作做细、做实，让传承人感受到政府在切身实际地给予支持和帮助。

2. 加快落实培训班建设

鉴于鲁锦的发展面临着年轻人少、经济效益低等问题，如果单靠企业和个人无法改善这一现状，加之鲁锦的学习是一个长期和积累的过程，并非短期内、一次性就可以学好的技艺，而现在还没有形成一个长期、稳定的培训体系。路维民馆长和传承人刘爱玉早年在鄄城县旧城镇杨屯村组织过传承人培训班，当时组织和培训了一百多人。以及后来传承人在成都参加非遗展阶段，留在成都地区九个多月，教授当地的学生鲁锦织造技艺，传承和培训工作已经有了一定的基础。建议政府发挥带头作用，帮助和指导企业组建定期、稳定的传承人培训班，给予人员、场地甚至是津贴上的帮助，吸收更多感兴趣的人员、社会闲置人员等加入到这一行业。

3. 强化设计理念与产品创新

鲁西南地区地处黄河流域，临近黄土高原，自古房屋建筑也多是黄土建造，植被稀疏，老百姓世代生活于此，眼睛里看尽了黄土的颜色。因此，随着手工织布的兴起，老百姓为了弥补生活中的审美需求，把更多大红大绿、色彩鲜艳的纹样加入布匹中去，用以点缀生活。但是这也导致如今的鲁锦织品样式传统、颜色老气、跟不上现代的审美需求，影响了市场。

因此，这就需要结合鲁锦的发展特色和风土民情，创新性地改善设计理念，既不丢失传统，也能与时俱进地生产更多优秀的产品。调研期间笔者了解到，鲁锦博物馆时常接受各个专业的学生来调研和学习，如服装设计专业、视觉专业，甚至是环境设计、计算机专业等，但是大部分学生也只是为了完成自己的毕业设计和毕业论文，无法形成长效机制和行之有效的设计理念。这是个很好的开端，但是也需要善加引导，可以借助政府的协助和媒体的宣传引导，举办譬如设计大赛类的活动，丰富鲁锦产品的设计风格，调动社会公众的参与度，不仅可以让更多人了解鲁锦，而且可以开发出更多有传承价值和创新价值的新产品，带领鲁锦保护工作走上一条更加开阔的道路。

第二章

蓝印花布

周村蓝印花布制作技艺起源于山东省淄博市周村。由于其最初是以蓝草为染料，因而得名为蓝印花布。作为山东省淄博市市级代表性传承人、淄博市蓝印花布第四代传人周延亮一直兢兢业业地传承着老一辈传下来的宝贵遗产——蓝印花布。2004年，周延亮老师从父亲手中接下"泰和堂"染坊。2006年，他在周村古商城银子市街开了一家颇有特色的蓝印花布店——周家老染坊。同年，蓝印花布被列为山东省第一批非物质文化遗产代表性项目，名录类别为民间手工技艺（表2-1）。经过十几年的创新研究和不断发展，周延亮老师把老染坊经营得有声有色。2013年，周家老染坊手工印染技艺被收入淄博市市级非物质文化遗产项目（图2-1）。2015年，周延亮老师被评为淄博市第四批市级传承人。

周延亮老师制作的蓝印花布大多取材于历史典籍，并创新性地将现代元素融入其中，这为传统的蓝印花布增添了时代气息。正是由于周延亮老师不断创新，才使得蓝印花布在历史的长河中熠熠生辉，迸发出勃勃生机。目前，在周延亮老师的感染之下，其子已经学习制作蓝印花布六年了。六年，说长不长，说短也不短，代表着这家人对蓝印花布的坚持与热爱，也代表着传承人们对自己传承义务的坚守。虽然周家老染坊仅仅只是周延亮老师及其儿子在劳作，但四四方方的小天地绽放着令人心醉的乡土温情。

表 2-1　蓝印花布

名录名称	蓝印花布
编号	Ⅷ-3
名录类别	民间手工技艺
名录级别	市级
申报地区或单位	山东省文化厅

图 2-1　山东省市级非物质文化遗产牌匾

第一节　起源与发展

一、起源

蓝印花布，别称"药斑布"，又名"浇花布"，起源于秦汉时期，发展于唐朝，兴盛于宋朝。旧记《古今图书集成》卷六百八十一，苏州纺织名目中记载道："药斑布出嘉定集安亭镇，宋嘉定中归姓者创之。以布抹灰药而染青，候干，去灰药，则青白相间，有人物、花鸟、诗词各色，充衾幔之用。"这里，"药"是指防染剂，"斑"指的是由于防染剂附着于坯布上，未与染液发生作用，而形成的留白纹样。最初的防

山东省纺织类经典非物质文化遗产

染剂主要原材料是草木灰，后来原材料改良为石灰与黄豆面的混合物。至明清资本主义萌芽时期，蓝印花布已广泛普及。所以《古今图书集成》物产考曰："药斑布俗名浇花布，今所在皆有之。"

蓝印花布分为两种：蓝底白花和白底蓝花，如图 2-2 和图 2-3 所示。山东地区传统蓝印花布的染制技艺基本上得到了很好的传承，制成的蓝印花布以蓝底白花为主，就是所谓的"药斑布"。白底蓝花的蓝印花布则盛产于江南地区。

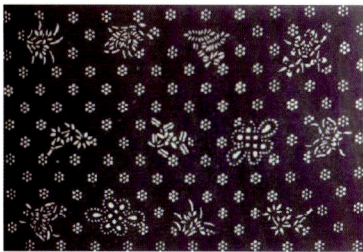

图 2-2　蓝底白花

图 2-3　白底蓝花

色彩简单、纹样质朴的蓝印花布与旧时百姓的生活息息相关。旧时，中国封建等级制度极为森严，统治者对百姓所穿衣物有严格的规定，百姓只能穿素布青衣，而且当时百姓也没有能力购买色彩艳丽的布匹。正是在这种艰苦的环境下，广大百姓运用自己的智慧和创造力，借助方便易取的蓝草，将素布染成了蓝印花布，并创造性地制造出了防染浆，从而使得布匹蓝白分明、富有趣味。蓝印花布也凭借其纹样多变的风格、淳朴简约的样式得到了广大百姓的追捧。除制衣外，蓝印花布还常被用来制作头巾、手帕、包袱皮等日常用品。由此可见，蓝印花布在当时百姓的生活中扮演着重要角色。

青白相间的织染技术也一度盛行于山东民间各地。清朝末年，山东省淄博市周村就有了印染作坊。光绪年间，周村老染坊的前身——"泰和堂"染坊创立。据相关文献记载，在民国时期，以周村古商城为中心的手工印染技术得到了进一步发展，一度达到了顶峰，蓝印花布厂达七十家之多。

蓝印花布不仅仅是实用品，还是展现中国百姓简朴格调的载体。简单质朴的色彩、素丽多变的纹样都承载着浓浓的乡土文化气息，因而蓝印花布成为研究中国旧时社会文化生活的重要切入点。

二、发展

在现代化机械印染技术传入中国之前，从事蓝印花布生产和加工的染坊遍布于山东各地，当时谚语有"天下无二行，除了药店是染坊"之说。据清代《山东通志》记载，清代时期平原、禹城、菏泽、范县、邱县、滨州、济宁、汶上都有专门的蓝染作坊。在清代，蓝印花布生产质量最佳地区首推济南与潍县。但新中国成立后，这种专门生产蓝印花布的染坊濒临绝迹，只有在个别交通不发达的乡镇中，还有一些小型染坊。

进入 21 世纪，国家逐渐重视传统文化产业的发展，颁布了《中华人民共和国非物质文化遗产法》，充分肯定了传统文化的重要地位。山东省积极响应国家的号召，蓝印花布艺人们也纷纷回归家乡，继续传承和发展蓝印花布。不过，蓝印花布艺人们的群体性结构发生了较大的改变。

艺人主要分为三类：第一类是山东省省级非物质文化遗产传承人，在国家新政策出台之后，传统手工艺（如蓝印花布）开始受到地方政府的重视，有的传承人在自己的老家建立工厂，有的就在临近乡里的小城镇中开设了自己的工作室，他们所生产出来的蓝印花布大多紧跟时代潮流，主要是在非遗博览会上展示及销售；第二类是山东各地重操旧业的蓝印花布染坊掌舵人，可以将他们称作"纯粹蓝染人"，周延亮老师为主要代表人物之一；第三类是其他手艺人，他们绝大部分是80后，有的是凭借自己所学的美术或设计类专业，对蓝印花布进行研究和探索，有的是从未接触艺术行业的门外汉。本书主要介绍以周延亮老师为代表的第二类艺人——"纯粹蓝染人"。"纯粹蓝染人"主要靠家庭作坊式的运营方式进行蓝印花布的生产，对蓝印花布的传承、发展和创新做出了突出贡献。然而，由于资金和精力有限，他们无法进行额外的宣传和营销，只能凭借其多年制作蓝印花布的经验进行创新以维持生计。

周村老染坊发展历程如图2-4所示。

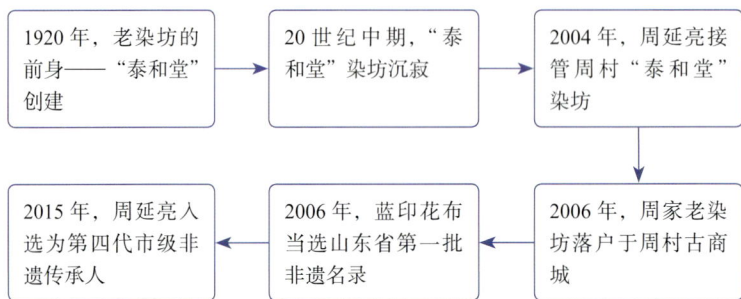

图 2-4　周家老染坊的发展历程

周家老染坊距今已有百余年的发展历史。周家老染坊的创始人周化南生于光绪九年（1897年），年轻时就开始从事印染行业，并逐渐掌握了捞纸工艺。其儿子周敬武生于1904年，16岁就掌握了父亲的捞纸印花技艺，之后去济宁学习蓝印花布技艺，创立"泰和堂"字号，在周村蓝印花布市场做土布印花和染布生意，染坊一时之间远近闻名。后来"泰和堂"染坊从老家迁至周村好生镇南岩村。随着市场的萎缩，染坊就停止了蓝印花布的印染工作，"泰和堂"染坊从此经历了五十多年的沉寂。1937年出生的周奉春是染坊的第三代传承人，1958年参加工作，1990年退休，2004年重操旧业，进行蓝印花布手工染制工作。周延亮老师于2004年接管周村"泰和堂"染坊，成为第四代蓝印花布传承人。周家老染坊传承谱系见表2-2（材料由周延亮老师提供）。

表 2-2　周家老染坊传承谱系

姓名	基本情况
周化南	第一代传承人。生于光绪九年（1879），早年从事实印染行业
周敬武	第二代传承人。生于1904年，1920年继承老纸印花技艺，后开始从事蓝印花布染制。创建"泰和堂"字号，在周村蓝印花布市场从事土布印花和染布生意。新中国成立后回家，在村委会作会计，1979年去世
周奉春	第三代传承人。生于1937年，1958年参加工作，1990年退休，2004年重操旧业，开始在老家沈家庄置办印染作坊，重新开始蓝印花布手工染制
周延亮	第四代传承人。生于1966年，2004年继承染坊传统手工染制技艺，2006年建立周家老染坊，从事蓝印花布的设计、染制、销售等工作
周琳翔	第五代传承人。生于1992年，自2011年开始协助父亲打理周家老染坊。日常主要负责蓝印花布的染制工作

周家老染坊从2006年落户于周村古商城至今已有十多个年头，怀着对于传统蓝染手艺的崇敬和情怀，周延亮老师一直坚持经营周家老染坊（图2-5）。当订单较多时，周延亮老师会雇佣周边村落农户帮忙刮灰。这是由于刮灰工序简单易学，适合没有制作经验的工人。周延亮老师按

图 2-5　周家老染坊

工作天数支付酬劳，每人每天50元。至于裁剪及缝纫都是由周延亮老师、其夫人及其妹妹等自家亲属完成。

由于最近几年国家政策的扶持以及社会的积极响应，手工制作的蓝印花布市场逐渐打开。目前，蓝印花布多用于制作桌布、窗帘、钱包、折扇、装饰画等。而随着人们需求趋于多样化，蓝印花布产品也趋向于多元化，不仅应用于面料、床单、被罩和服饰，还用于制作现代家居生活用品、礼品以及装饰品，各式各样的蓝印花布产品吸引着人们的眼球。

2004年，周延亮老师从父亲的手中接过"泰和堂"染坊的生意，便决心要将家族作坊发扬光大。经过十余年的奋斗，周延亮老师将自家老染坊经营得有声有色，并将其发展成为淄博市非物质文化遗产，先后获得淄博市第二届文化产业创意大赛二等奖、第三届中国非物质博览会优秀传承人展示奖，并且在央视作了专题报道，在一方蓝印花布的天地里创造出了属于自己的辉煌，获得多项荣誉（表2-3）。现在，蓝印花布逐渐开始有了新的创新和发展。蓝印花布已经不局限于日常生活产品制作，它还

作为中国独具特色的纺织产品对外出口，成为国家之间文化交流的媒介，成为世界认识中国的一张名片。

028

表 2-3　周延亮老师所获奖项荣誉一览表

时间	颁奖单位	奖项名称	图片展示
2006 年 12 月 17 日	淄博电视台都市频道	淄博市电视台都市频道"真情评委会"委员	
2011 年 3 月	中共淄博市委宣传部淄博市文化体制改革和文化产业发展领导小组办公室	"齐赛杯"淄博市第二届文化产业创意大赛优秀奖	
2014 年 10 月 13 日	第三届非物质文化遗产博览会组织委员会	优秀传承人展示奖	
2015 年 10 月	淄博市文化广电新闻出版局	市级非物质文化遗产传承人	
2017 年 9 月	淄博市水利与渔业局、淄博市旅游发展委员会	作品《鱼头布》荣获入围奖	

第二节　风俗趣事

一、蓝印花布传说

说起蓝印花布的由来，里面还有些许机缘巧合的意味。传说有一个姓梅的小伙子一不小心摔了一跤，摔倒在泥潭里，爬起来的时候衣服变成了黄颜色。回家之后，衣服怎么洗都洗不干净。姓梅的小伙子家里比较穷，根本没钱买新衣服，于是即使心里不喜欢也只能穿着那件衣服。让他没想到的是，别人看到他的衣服后非常喜欢，纷纷问他衣服上的黄颜色是怎么弄上去的。于是他就把这件事告诉了姓葛的好朋友，两人发现了其中的商机。

于是，两人一拍即合，说干就干，开了一家专门把布染成黄色的染坊，生意十分红火。又是一个偶然的机会，晾在树上的布不小心被风吹在地上，而当时地上正好有一堆蓼蓝草。等他们发现这块布时，黄布已变成了花布，黄一块、蓝一块，颜色好不艳丽。他们觉得肯定是蓼蓝草的缘故。之后，两人经过多次研究，终于成功地将蓼蓝草制成了染料，将布染成了蓝布。梅、葛两位先生也成为蓝印花布的祖师爷。

二、祭拜缸神

周延亮老师说起小时候，脸上总会露出笑容。那时候科学知识还不普及，所以农村偏远地区难免会信奉神灵。从事蓝印花布的艺人们主要是靠制作蓝印花布来谋生。印染出的蓝印花布颜色越分明、图案越精致，就越能卖出好价钱。因此，那时的人们就希望祈求缸神的庇佑，以便染出的布料图案清晰、色彩明艳，卖个好价钱。周延亮老师说，现在科学知识普及了，技术更新也很快，人们越来越不相信鬼神之说，但是在某些重要的日子，他还是要祭拜缸神，不为别的，就是图个心安。

三、嫁娶习俗

由于古代衣服多为素布，因而蓝白分明、纹样多变的蓝印花布成了裁制衣物的首选布料。清末，蓝印花布与日常的婚丧嫁娶习俗息息相关。新娘嫁妆中一般会有几条蓝印花布围裙，寓意新娘操持家务。即使穷人家庭也会为女儿准备一两条蓝印花布被面，图案往往是"百子图""龙凤呈祥"等。另外，还会有一个蓝印花布的大包袱，里面除了塞着棉花胎，还会包着桂圆、红枣、花生、红鸡蛋等有寓意的物件，表达了亲人们对新人的祝福。新娘回门的时候也会背上蓝印花布的包袱，上面印着"囍"字样，渲染出一种喜庆祥和的氛围。

四、展博会中的一抹色彩

2015 年 1 月 28 日，周延亮老师将蓝印花布作品带到山东省兰陵县农垦博物馆展出。主要参展作品是《十大元帅》，每个人物都栩栩如生，还附有人物简介，既表达了人们对先辈的缅怀，也展示了蓝印花布的文化底蕴，如图 2-6 和图 2-7 所示。

图 2-6 《十大元帅》

图 2-7 《十大元帅》——朱德

2015 年 5 月 8 日，在中国（寿光）文化产业博览会中，周家老染坊向人们展现了中国传统文化的深厚底蕴，如图 2-8 和图 2-9 所示。寿光是三圣故里（三圣指：文圣仓颉、农圣贾思勰、盐圣夙沙氏），借助第三届中国（寿光）文化产业博览会的平台，周延亮老师将手工制作的蓝印花布对外推广，让更多人认识和喜爱蓝印花布。

2015 年 6 月 13 日（中国文化遗产日），周延亮老师再次参展宣传和展示其蓝印花布作品。此次参展中有一件别具一格的作品——五彩蓝印花布，它是周延亮老师耗费许多心血完成的，也是国内蓝印花布印染工艺中的首创，如图 2-10 所示。独具特色的五彩花布自然吸引了众人的眼球，许多游客慕名前来。图 2-11 是工作人员向参观者展示蓝印花布的花版样式。

图 2-8 寿光三圣

图 2-9 蓝印花布展览

图 2-10　五彩蓝印花布

图 2-11　服务人员向游客展示蓝印花布

第三节　制作材料与工具

制作山东蓝印花布所需要的材料和工具较为简单，主要有花版、刮刀、染池、菱形支架、钝刀等。

一、花版

花版主要是指已经刻好图案的牛皮纸，如图 2-12~图 2-14 所示。旧花版一般长约 50 厘米、宽约 25 厘米；新花版尺寸不固定，艺人们根据客户需求制作不同尺寸的花版。周延亮老师目前使用最多的花版是长 2 米、宽 1.5 米的大型花版。

图 2-12　花版（一）

图 2-13　花版（二）

图 2-14　刷桐油后的大花版

二、刮板

自制刮板也称为刮刀，是将防染剂刮入镂空花版空隙的木质工具或者是铁质工具，见图 2-15 和图 2-16。刮板没有规格的限制，主要根据艺人刮浆使用习惯而定。为了防止细碎木料刮坏镂空花版，新制的刮板需要经过打磨才能使用。周延亮老师一般使用的是较宽的刮板，手握的部分较窄，刮浆的部分较宽。一方面，可以使布料均匀受力，减少艺人刮浆对布料的损害；另一方面，也可以方便艺人刮浆，提高艺人的工作效率。一般情况下，刮板需要和铲子、木条搭配使用，铲子主要是为了防止刮板中的防染浆滑落，木条则是为了固定花版。

图 2-15　刮板、防染缸及剪刀

图 2-16　刮板、木条及防染缸

三、搅拌器

搅拌器也是制作蓝印花布的重要工具之一。使用搅拌器，一方面可以保证防染浆搅拌均匀，提高防染浆的质量；另一方面也可以减轻艺人们的工作压力。过去是手工搅拌防染浆，用一根木棍固定按照顺时针的方向均匀搅拌，不仅费时费力，而且搅拌的效果也欠佳。随着时代的发展，现在使用的搅拌器为电动搅拌器，如图 2-17 和图 2-18 所示。

图 2-17　搅拌器零部件

图 2-18　搅拌器

四、染池

染池主要是为了完成布料的浸染工序，其构造与布料的尺寸息息相关。周延亮老师家的染池是水泥砌成的五个联排染池，每个染池的长、宽均为 1 米，高为 2 米，如图 2-19 所示。

五、菱形支架

菱形支架的作用是更好、更高效地完成染色工序。艺人一般专门打造带有小铁钩的铁质菱形支架，这些小铁钩的作用是固定坯布，如图 2-20 和图 2-21 所示。

图 2-19　染池

图 2-20　平放的菱形支架

图 2-21　倒放的菱形支架

六、定滑轮

定滑轮的作用是在浸染布料期间帮助艺人们将挂好布料的菱形支架平稳地送到染池中，并方便后续翻转菱形支架，如图 1-22 和图 1-23 所示。

图 2-22　定滑轮（一）

图 2-23　定滑轮（二）

七、钝刀

钝刀是刮染浆时所使用的工具，目的是在不损害布料的前提下将防染浆刮落，如图 2-24 所示。因为比较钝，所以不会给布料带来损伤。有的艺人使用电动刮浆机器，以大大节省人力。不过，电动刮浆机器只能碾压粉碎大部分防染浆，剩下的部分依旧需要人工刮浆来完成。

八、挂码器

挂码器是用来整理蓝印花布的专用工具。一方面可以很好地将布料悬挂平整，另一方面可以计算布料的长度，方便后续蓝印花布的交易，如图 2-25 所示。

图 2-24　钝刀

图 2-25　挂码器

第四节　制作工艺和技法

蓝印花布的工艺流程主要有起稿制版、刷桐油、调制防染浆、拷花、调制染液、上布、浸染、刮灰、淘洗与晾晒，如图 1-26 所示。

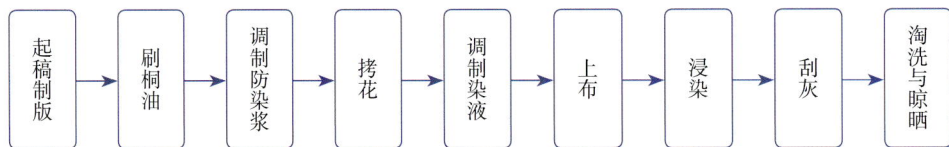

起稿制版 → 刷桐油 → 调制防染浆 → 拷花 → 调制染液 → 上布 → 浸染 → 刮灰 → 淘洗与晾晒

图 2-26　蓝印花布的主要工艺流程

一、起稿制版

起稿制版就是设计花版，目的是让坯布印染出别具一格的纹样。起稿制版首先要选择制作花版的原料，山东地区传统的蓝印花布花版多是由桑皮纸制作而成，当地人习惯称之为"花模子"，相当于现代印染中所说的"型纸"。周延亮老师一般是选择牛皮纸作为花版的原料，牛皮纸经久耐用，不易泡坏。

然后，雕刻图案，也叫刻花。艺人一般参考图书上的图案样式先在花版上临摹，然后不断印刻制成，如图2-27和图2-28所示。雕刻时，刻刀要以垂直于纸张的角度进行雕刻，保证花型一致，以免出现残次品。同时要保证用力适当，特别是落刀和起刀的两端，刀尖应刻穿纸张。对于没有完整刻掉的部分，应补刻几刀，以实现图案的完整与美观。除了面和线的镂刻，点的镂刻也十分重要。点一般用在主体图案之外，起到陪衬装饰作用。刻点需要借用的工具是自制的铳子，铳子是用金属做成的打眼工具。刻点步骤是，将铳子对准绘制好的小圆圈处，敲击铳子，使其在牛皮纸上留下大小一致的小圆点，这些小圆点按照一定的顺序排成优美的弧线，从而为整幅图案增添别样的韵味。

图2-27　印刻长方形花版

图2-28　正方形花版

一块花版可以重复多次使用，节省了蓝印花布的制作成本，使得蓝印花布实现批量印染，满足市场需求，从而在民间广为流传。随着科学技术的不断发展，艺人借助电脑便可完成电子绘版，不仅降低了错版概率，还提高了绘版效率。但周延亮老师认为手工制作的东西才能代表价值，所以一直亲力亲为，没有借助电脑刻印。

二、刷桐油

给雕刻好的花板刷桐油是为了更好地延长花版的使用寿命。具体流程如下：

第一步，刻好花版，将其打磨平整。

第二步，在花版上先刷一遍桐油。待桐油被牛皮纸吸收，将刷好桐油的花版倒挂在室内阴干，而不是通过太阳晒干。大约三天后，阴干完成。

第三步，将阴干的花版再刷两三遍桐油，直到牛皮花版被桐油完全渗透。

第四步，将牛皮花版晾干压平，分类保存。图 2-29 和图 2-30 所示都是刷过桐油后的花版。

图 2-29　刷过桐油的花版（一）

图 2-30　刷过桐油的花版（二）

三、调制防染浆

防染浆可以避免坯布染色，目的是使坯布呈现蓝白相间的纹样。附着防染浆的部分为白色，没有附着防染浆的部分则为染料颜色。调制防染浆的具体流程如下：

第一步，将石灰粉和黄豆粉按照一定的比例混合在一起。石灰粉和黄豆粉的比例，需根据气候变化进行灵活配制。一般情况下，防染浆里石灰粉和黄豆粉的比例为 2∶3、2∶4、2∶5，最多的时候用到 2∶6。

第二步，在调制防染浆的过程中，将一根木棍以顺时针的方向进行均匀搅拌，一定要保持一个方向的搅拌，在这个过程中要多次加入水，直至其成为黏稠适中的糊状浆液，然后停下来等其发酵，一般防染浆发酵的时间为半小时左右。

第三步，发酵完成后，再顺时针搅拌 15 分钟，静置半小时。如此循环往复五六个小时，防染浆便可制成。

初次的搅拌工作一般由搅拌器完成，不过要想把防染浆制得更好，还需借助人力搅拌。此外，搅拌器工作过程中还必须有专人监督，避免搅拌过程中出现失误。搅拌完成后，将制好的防染浆用刮板挑起一定的高度，观察浆液往下流淌的速度。如果浆液流淌速度适中，类似于倾倒油漆的效果就说明防染浆合格，否则还需根据实际情况添加清水、石灰粉或者黄豆粉，如图 2-31~ 图 2-34 所示。

图 2-31　机器搅拌

图 2-32　人工观察

图 2-33　人工搅拌

图 2-34　防染浆成品

四、拷花

拷花是指用刷子将防染浆均匀刷到花版上，使防染浆漏印在坯布上。拷花的目的是使坯布纹样分明。在拷花前需要对坯布做处理，有的是洒水，有的是蒸布。蓝印花布选用的坯布是最常见的单一白色棉质土布。具体拷花流程如下：

第一步，在坯布上均匀洒水，并用手掌在坯布上轻轻抹平，让表层的水珠渗透到布料当中，或者是前一天晚上把土布蒸一遍，从而使得坯布变得柔软而平整，方便坯布更好地印上图案。

第二步，把刻好的花版平放在处理过的坯布上，对齐边沿。然后，用刮刀将防染浆刮到花版上，使得防染浆漏印到坯布上。拷花时，左手固定花版，右手匀速地用刮刀刮入防染浆，如图 2-35所示。

第三步，刮浆完成后，要立即揭起花版以防止粘黏。揭起花版的时候，两手要握住花版的两侧（一般取较宽的两

图 2-35　拷花刮浆

侧），然后以垂直物面的方向将花版轻轻揭起，以最大程度地保持纹样的完整性，如图 2-36 和图 2-37 所示。最后，拷花完成后的坯布要垂直悬挂在木架上自然阴干，如图 2-38 所示。晾干之前的防染浆的色彩呈现乳白色，如图 2-39~ 图 2-42 所示。

图 2-36 拷花之后的纹样（一）

图 2-37 拷花之后的纹样（二）

图 2-38 坯布悬挂阴干

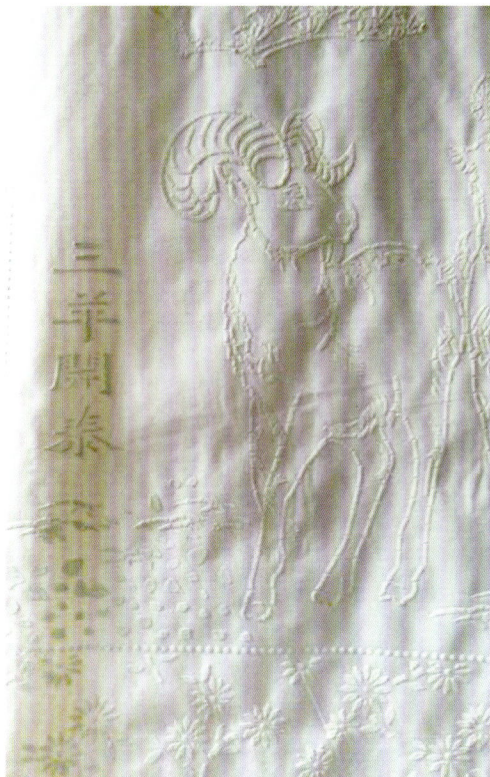

图 2-39 《三羊开泰》

图 2-40 《喜上眉梢》

图 2-41 《梅兰竹菊》

图 2-42 《鸳鸯戏水》

经过三到五天的阴晾干燥，防染浆便紧紧地附着在坯布上。防染浆附着的部分呈现米黄色，而未附着的部分依旧是坯布原本的白色，阴晾晒干的坯布上的防染浆纹样清晰，图案生动，如图2-43 所示。

图 2-44 是周延亮老师对其学生制作的花版进行拷花。由于学生的雕刻手艺不熟练，一些纹样连接处处理不到位。所以，周延亮老师用纱布对花版和防染浆进行阻隔，以避免纹路走样。

图 2-43　阴干之后的纹样

图 2-44　纱网固定

五、调制染液

调制染液是指利用板蓝根或者蓼蓝制作染料，再将浓度较高的染料在染池中进行稀释，其目的是更好地对带有防染浆的坯布进行染色。具体步骤如下：

第一步，选取板蓝根和蓼蓝作为主要染料，将割好的蓼蓝捆成一捆，根部朝上，叶朝下放入大缸之中，然后再与石灰水、米酒混合沤制之后便可以制成蓝靛。传统蓝印花布所用的原料是蓼蓝的茎叶。蓼蓝的茎叶色素丰富，适合用来印染坯布。北魏贾思勰所著的《齐民要术·种蓝》中还专门记述了从蓝草中提取蓝靛的方法："七月中作坑，令受百许束……还出瓮中，蓝靛成矣。"如图 2-45 和图 2-46 所示。

图 2-45　蓝靛染料

图 2-46　调制染液工具

图 2-47　靛沫

图 2-48　上布（一）

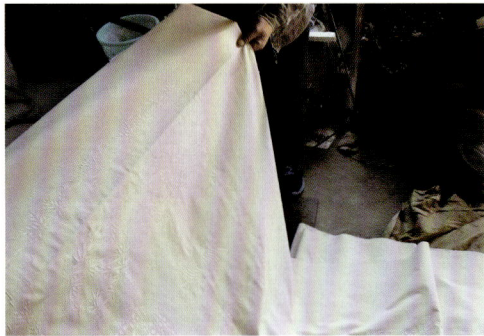

图 2-49　上布（二）

第二步，用长竹竿搅动染池，使染池里的染液上下均匀，然后静置10分钟左右。在这个过程中，染液的表层会出现一层蓝色的泡沫，艺人称之为靛沫，如图 2-47 所示。

第三步，染布调色，蓝印花布的色泽是否光亮、质量是否上乘取决于艺人们对蓝靛投放量的控制。调制染液是一个不断累积、慢慢添加的过程。

六、上布

上布是指将晾干的布料慢慢地挂在菱形支架吊笼上，如图 2-48 和图 2-49 所示，目的是将布料固定规整，提高染色的效率与质量。具体步骤如下：

第一步，将布料固定在菱形支架的两端。布与布之间相隔大约 5 厘米，以防止在之后的浸染过程中，布与布之间发生粘黏。一个菱形支架的吊笼大约可以挂十二三米的白布。

第二步，稍作检查以确认棉布是否挂牢且无漏挂，如图 2-50 所示。

第三步，通过滚动滑轮的上下牵引，将上好布的菱形支架吊笼悬挂到染池的上方，如图 2-51 所示。

图 2-50　上布完成

图 2-51　悬挂菱形支架

七、浸染

　　浸染是指将带有防染浆的坯布放入染池中进行染色，目的是使坯布色彩分明。周延亮老师的染坊有 5 个染池，除了第 1 个为清水池以外，其余 4 个皆为染池。水池中的水长年不换，只有在水分蒸发、水位下降的情况下才会添加。具体浸染步骤如下：

　　第一步，将每个坯布在第 1 个染池中浸染一遍，以使坯布的布料膨胀，浸染过清水的坯布所制成的蓝印花布色泽更加晴朗，白色也更加透亮。

　　第二步，然后利用定滑轮将坯布上下倒换，如图 2-52 所示。

　　第三步，将浸染过清水的布料依次放入其余 4 个染池的染液中，浸染 8 遍，浸染完成。

　　一般浸染一次的时间为 5 分钟，控水 5 分钟，然后将其上下倒换，依次进行数遍，如图 2-53 和图 2-54 所示。蓝色素附着在坯布纤维之上，改变了原有的坯布颜色，并且坯布的颜色随着时间而变化，越来越蓝，如图 2-55~图 2-57 所示。而由于蓝色素已经被坯布所吸收，坯布上控出的水透明且清澈，与染池中混浊的染液截然不同。5 个染池相互搭配，同时做功，增加了染布的效率，如图 2-58 所示。

图 2-52　倒换方向

图 2-53　浸染（一）

图 2-54　浸染（二）

图 2-55　坯布变色

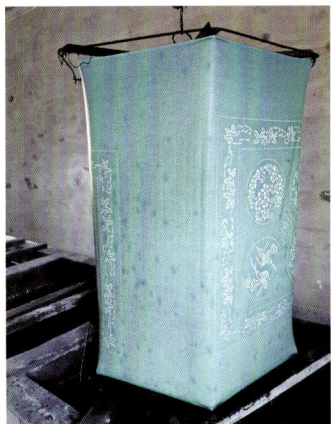

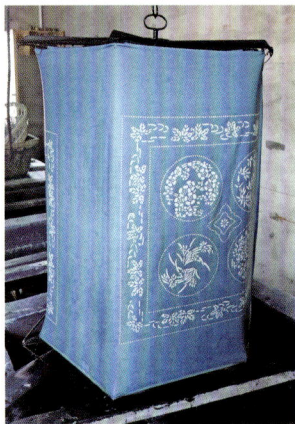

图 2-56 静置控水　　　　　　图 2-57 坯布变蓝　　　　　　图 2-58 批量操作

八、刮灰

刮灰，也称刮浆，是指等坯布晒好之后将防染浆刮掉，目的是使坯布呈现出蓝白相间的图案。

由于防染浆附着力强，一位艺人单独处理防染浆比较费时费力，一般需要两位艺人相互配合。两人抓住布料的两端进行扭转拉扯，有时也可向墙壁敲打以快速清理防染浆。

简单处理之后，大部分的防染浆已经脱落，剩下的部分还需要用钝刀来处理，如图 2-59 所示。在使用钝刀时，既要注意刮灰的角度，又要控制刮灰的力度，防止用力过猛将蓝印花布刮坏。刮灰时，先将布料展开，钝刀以 45° 角刮掉附着在布料上的防染浆，如图 2-60 所示。刮灰之后，蓝白相间的纹样清晰可见。

图 2-59 待刮灰坯布　　　　　　　　　　　图 2-60 刮灰

九、淘洗与晾晒

淘洗是指将清理好的布料放入清水中清洗，使坯布色彩分明。晾晒就是将清洗好的布料用长竹竿晾挂，如图 2-61 和图 2-62 所示。具体工作流程如下：

第一步，将刮浆后的布料放入洗衣机中漂洗，清洗数次，直至布料色彩鲜明。

第二步，将清洗好的布料晾晒，等到蓝印花布晒干之后便用挂码器进行整理。一般是按照 1 米宽度将蓝印花布来回折叠，形成宽度为 1 米的布匹。

图 2-61 晾晒（一）

图 2-62 晾晒（二）

第五节　工艺特征与纹样

蓝印花布色彩分明、简单，不像素布般素雅，也不似花布般艳丽。这既是它的优点，也是它的缺点。要想使传统的蓝印花布实现重生，获得消费者的喜爱，就必须迎合市场的需求，让蓝印花布在工艺和纹样上独树一帜，形成自己的特色，在市场上拥有独一无二的地位。

一、色彩沉着古雅，历久弥新

蓝印花布的特色在于它是人为地将两种色彩进行搭配，形成独具特色的美。山东的民间蓝印花布一般是蓝底白花，蓝色占布料的面积较大，因而蓝印花布的色调偏暗，整体上给人的感觉是沉着而典雅，这与南方白底蓝布的风格截然不同。蓝印花布的色彩主要来自蓝草所调制的染料，染出的布料即使洗了许多次，颜色依然鲜亮，给人以清新自然之美。

蓝印花布舍弃了素布的单调之感，也避开了花布的花哨之风。仅以两种简单明亮的色彩装点在朴实无华的坯布上，这是当地民风质朴的表现形式，在时间的流逝中历久弥新。此外，蓝印花布还承载着些许家乡的味道，古代游子去远方，家中老母亲会为其准备蓝印花布包裹。不管走到哪里，看一眼包裹，总能想起自己的家乡和年迈的父母。

二、纹样富有对称美和秩序美，丰富多样

在历代山东蓝印花布艺人不断探索和创新下，山东蓝印花布的纹样千变万化，令人目不暇接。艺人追求简约不简单的设计理念，在制作花版时注重对称美和秩序美，

每块蓝印花布都凝结着艺人对蓝印花布的热爱和对美好生活的期盼与向往。

山东蓝印花布纹样独居特色，表现在四个方面：首先，山东蓝印花布具有独特的斑点美，蓝色底色中点缀着小圆白点，让整块蓝印花布充满了生机和活力，像极了深夜里的繁星明月，给人无尽的遐想；其次，山东蓝印花布的设计纹样较为纤细，图案中的边边角角都藕断丝连，保证后续刮防染浆时图案不走样；再次，山东蓝印花布的图案与其他地方的风格迥异，呈现出程式化的特征，做成衣服的蓝印花布一般是以二方连续、四方连续等形式来构造图案，排列出来的图案富有结构感。而做成包袱、米袋等"件料"的蓝印花布，以几何纹为最多。有时候也会讲求寓意，比如米袋，蓝印花布上印有鱼，象征着"年年有余"；最后，山东省蓝印花布纹样取材丰富多样，除了传统动物类、植物类以及器物类等，值得一提的是，还有烧饼类、韭菜类、甜瓜类等面食类以及瓜果蔬菜类，这些都是其他花布所没有的纹样，代表了山东的饮食习俗。

三、工艺上精益求精，与时俱进

蓝印花布的染料追求绿色、纯天然、无污染，不添加任何化学制剂，其制成的衣服可以直接贴身穿着，舒适、透气。另外，与传统蓝印花布的印染不同的是，现代浸染蓝印花布追求高效、高质量。不再局限于单个染缸、染灶、染锅等传统浸染工具，多采用半机械化加工的方式对布料实行批量浸染。

以周家老染坊的蓝印花布染制工序为例，周家老染坊使用的是5个长、宽1米、高2米的染池对布料进行浸染。除了第1个是清水之外，其余4个均为带有蓝靛染液的水。每个染池都会有自己特定的作用，5个染池相互配合，可以高效地实现坯布大批量印染，大大节省了艺人的工作时间。周延亮老师还使用特定的菱形支架来固定坯布，借助定滑轮来省时省力。此外，搅拌器也是工具上的创新。以往艺人们制作防染浆一般是采用人工搅拌的方式，这种方式搅拌时间较长，因而大大降低了蓝印花布的生产效率。而现在的防染浆的搅拌多数是搅拌器搅拌，艺人们观察搅拌的质量，搅拌完成后，艺人们还会人工搅拌一会儿，使得防染浆的质量更加上乘。这些都是工艺技术改善的表现。

四、造物思想厚重，文化底蕴浓厚

首先，从实用的角度看，山东蓝印花布有着"致用利人"的淳朴思想。"致用利人"是指生产出来的商品从人的实际需求出发，追求实用是其宗旨。齐鲁百姓印染蓝印花布的主要目的就是为了"用"，这种造物观念是受齐鲁"致用利人"传统思想的影响。色彩上，蓝印花布以蓝底为主，白色为点缀，整体色调深重沉着，比浅色调更耐脏；纹样上，山东蓝印花布的花版图案比较细小，因而所使用的防染浆也会较少，从而降低了制作成本；工艺上，蓝印花布的染液采用蓝靛作为主要原料。蓝靛不仅可以染色，还具有防蛀、防虫、保健的功效，人们将其染制的蓝印花布穿在身上，有益于自身健康。总之，从创造者和使用者的角度来说，蓝印花布都具有"造物利人"的特征。

其次，从样式的角度看，山东蓝印花布体现了"材美工巧"的造物思想。齐鲁传统的造物思想一直奉行注重实用的同时也重视对美的追求。实用为本，美为补充。从色彩看，山东蓝印花布并不是单单注重蓝靛的耐脏、防虫、防病等实用功能，它还注重色彩上的搭配。蓝底白花虽然没有江南青花瓷般的古韵，却有晴空朗月般的雅致。从纹样上看，山东蓝印花布纹样细小精致，其刻制花版与印制方法规划合理，能够使图案来源于现实而又高于现实。

最后，从设计理念角度看，蓝印花布追求"天人合一"的造物思想。最早提出"天人合一"思想的是儒家，认为人与天地万物应该和谐共处。人造物虽然留下人工的痕迹，但是也能够融入自然。《考工记》有云："轸之方也，以象地也；盖之圜也，以象天也；轮辐三十，以象日月也；盖弓二十有八，以象星也。"大体意思是人们把车厢做成方形，可以用来象征大地；把车盖做成圆形，是用来象征上天；把车轮的辐做成30根，是象征日月的运行；把车盖上的弓做成28根，是象征28星宿。这样看来，人虽然在小小的车上，却置于天地之间，与天地紧密联系，合而为一。蓝印花布的纹样也体现了这方面的思想。蓝印花布中"烧饼花"随处可见。它是由具有一定规则的点一圈圈做辐射状向外围展开，具有很强的光学效应，使人联想到太阳的光芒。另外，它的形状还像洒满芝麻的烧饼，蕴含"芝麻开花——节节高"的寓意，表达了齐鲁百姓对五谷丰登的期盼。

第六节　作品赏析

目前，周家老染坊生产的产品非常丰富，包括衣服、米袋、桌布等几百种。周延亮老师生产的蓝印花布全部采用棉麻布，利用物理手段浸染坯布，浸染的全过程没有添加任何化学染料，实现真正的绿色、纯天然、无污染。周延亮老师生产的商品物美价廉，既有浓厚的地域特色，又具有实用的价值。

一、历代名人

作品《孔子图》中孔子慈眉善目，服饰样式层次分明，周围层峦叠嶂，旁边印有"知者乐水，仁者乐山，知者动，仁者静，知者乐，仁者寿"，如图2-63所示。《孔子图》再现了孔子的价值观，整个画面非常和谐，表达了对孔子的敬意与爱戴。

图2-64所示的作品《秦始皇图》里的服饰、头冠无不设计精巧，指点江山的姿

态更是令人肃然起敬，这对艺人的雕刻与印染能力要求极高。

  图 2-65 和图 2-66 所示作品均为伟大领袖——毛泽东。图 2-65 是壮年之后的毛泽东，和蔼可亲，头像下面是天安门，"为人民服务"几个字清晰而又庄严地表现出了毛泽东的一生追求。图 2-66 是青年时期的毛泽东，英姿勃发，头像下面的诗句取自《采桑子·重阳》，表达了对革命根据地和革命战争的赞美之情。

图 2-63 《孔子图》

图 2-64 《秦始皇图》

图 2-65 《毛泽东图》（一）

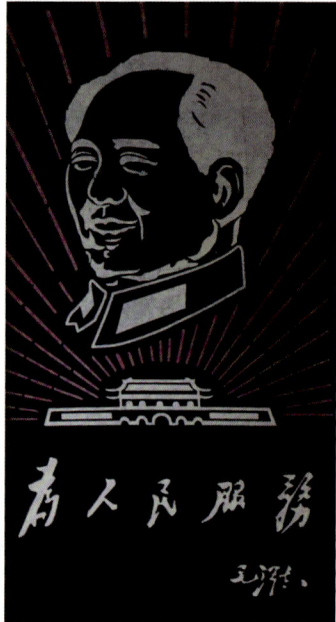

图 2-66 《毛泽东图》（二）

二、草木虫鱼

  周延亮老师作品的另一特点是以花草彰显朴实无华、回归自然之美。作品上的花草风景使整个面料更加鲜亮，画面感非常强，代表了朴实无华的品格以及热爱自然的情趣。

图 2-67 中的蓝印花布产品为床单，这是周延亮老师首创的五彩蓝印花布。床单四四方方的边缘是小白花，而中间是粉色、黄色的大花以及绿色的树叶，整个床单的颜色层次感分明，简约大方，并且还创新性地借助其他颜色的染料使蓝印花布更加美丽。

图 2-68 所示的布匹较多，均为小花布，这些一般用作桌布、枕巾或者手帕。花布虽小，但是跟大花布一样拥有完整的图案，显得小巧讨喜、独具匠心，更能看出艺人的手艺。

图 2-69 所示为大坯布，以小碎花为主。正是因为没有整片大图案，大批布可以根据客人的需求被裁剪成合适大小的布料，顾客再根据自己的需要进行后续加工。

图 2-70 和图 2-71 所示为花布包，纹样也多数是以花草为主，花布包的颜色鲜明，色彩明亮，代表着浓浓的民间乡土气息。旧时常见于新娘回门的时候，现在更多的作为一种非遗文化的载体。

图 2-67 床单、门帘

图 2-68 小花布

图 2-69 大坯布

图 2-70 花布包（一）

图 2-71 花布包（二）

图 2-72 和图 2-73 展示的是蓝印花布装饰品，蓝印花布制成的挂画清新自然、别具一格，可以展现主人的高雅志趣。跟其他字画相比，蓝印花布的挂画更有生机与活力。

　　图 2-74 和图 2-75 皆为蓝印花布制成的衣物。蓝印花布制成的衣服颜色较深，既可以与其他衣物相映生趣，又可以自成一派。白色花草的点缀使得衣服既深沉又不失活泼。

图 2-72　挂画（一）　　　　　　　　图 2-73　挂画（二）

图 2-74　服饰（一）　　　　　　　　图 2-75　服饰（二）

　　图 2-76 和图 2-77 都是蓝印花布装裱画。木质边框与蓝印花布相互辉映，蓝印花布图案上的花花草草将观赏者仿佛带到了大自然的怀抱，同时也营造出古风古韵的氛围。

　　图 2-78 和图 2-79 是周老师创作的蓝印花布之"十二生肖"的两幅，左图上的鸡栩栩如生，下面还配有"酉"字，人文气息浓郁。右图上猴子两只手上拿着桃子，

机灵的模样活灵活现。

图 2-76 装裱画（一）

图 2-77 装裱画（二）

图 2-78 《鸡》

图 2-79 《猴》

三、名言名句

　　蓝印花布作为非物质文化遗产，是历史文化的载体，展现了浓厚的中国传统文化。

　　富贵有"鱼"，寓意为富贵有余，表达了老百姓对美好生活的向往。作品《富贵有"鱼"》上的鱼儿生动形象，有字有画，相映生趣。由于成品已卖出，只留下花板，如图 2-80 所示。

此外，周老师的服饰作品上也会印有诗词，如图 2-81 所示，与单纯的图案相比，这种印有诗词的服饰更显古典底蕴。

图 2-80 《富贵有"鱼"》

图 2-81 诗词服饰

第七节 传承人专访

周延亮，1966 年出生，山东人，山东省市级非物质文化遗产（蓝印花布）项目传承人。2004 年，周延亮老师开始接手"泰和堂"染坊。2006 年，"泰和堂"染坊在周村古商城落户并改名为周家老染坊。为更深层次地探究山东蓝印花布的发展现状，笔者专程对周延亮老师进行了专访。

一、请问：您觉得蓝印花布有哪些特色？

周延亮老师：蓝印花布之所以没淹没在时间的长河中，就是因为它具有鲜明的自身特色，而且还与时俱进，具有较大的发展潜力。只要进行科学市场定位，契合人们追求返璞归真的心，我觉得凭借自身鲜明的特性，蓝印花布是不会没有市场的。特色一是它的纹样受到老百姓的喜爱。蓝印花布的传统刻板是非常宝贵的财富，它是蓝印花布艺人们智慧的结晶，它代表着当时人们对美好生活的向往，它是祖祖辈辈精神文化传递的载体。现在市场上的很多东西都是化工产品，上面设置的图片也比较简单，所体现的文化也属于快餐文化，没有承载厚重的中国文化，而蓝印花布就不同，它的印染技艺就是祖辈遗传下来的，纹样更是在继承传统的基础上进行的创新。特色二是蓝印花布的特色工艺流程。蓝印花布制作过程中调制防染浆和调制染液是非常严格的。防染浆是黄豆面、石灰和水按一定比例调制的混合物。其黏性适中，既能高效隔离染液，又容易去浆，这是蓝印花布艺人不断改进的成果。染液的主要原料是蓝靛，这是一种纯天然、无污染的染料，对人体没有副作用。与市场上的化工染料相比，蓝靛更加安全和健康。特色三是它属于半机械的手工产品。其实它也可以是纯手工的产品，不过为了更加高效地印染蓝印花布，所以借助了一些工具。蓝印花布产品能够体现出手工劳动的可贵，这是现代商场中的服饰所体现不了的。

二、请问：蓝印花布有什么特色的习俗？

周延亮老师：在比较重要的日子，我们上香祭祀缸神，祈求让染出来的布更好。这是由于过去的技术水平有限，用板蓝根、蓝草调制染液有时会把握不好火候，时常会染不好布料，当时人们认为上上香、拜拜神，然后就可以把布染得好了，这都是封建迷信，不太管用。不过，现在技术日益发达，凭借我们多年的经验，布料一般都能染得很好。另外，旧时新娘子回门那天一般背着蓝印花布包，这就是当地的一种文化特色。不过随着时间的推移，这些习俗也逐渐消失了。

三、请问：您觉得制作蓝印花布过程中哪些流程最为重要？

周延亮老师：主要是起稿制版、调制防染浆以及调制染液。这三个流程要求都非常严格，艺人如果不仔细的话，那基本上就染不出来高质量的布料。制作花版的时候，如果漏刻就会出现残次品，所以必须非常仔细、认真，心要静下来，不能急。调制高质量的防染浆也是作品成功的重要步骤，黏度适中的防染浆才能保证纹样的完整。如果染液没有兑好，染出的布颜色就会不鲜亮。

四、请问：为什么制作防染浆要选择豆面，搅拌防染浆需要多长时间？

周延亮老师：祖辈们都是用玉米面来制作防染浆，后来发现黏稠度不够，调制出来的防染浆不能很好地附着在坯布上，印染出来的花纹不完整。后来我们家不断试验和摸索，发展黄豆面与石灰粉混合制成的防染浆可以满足我们需求。黄豆面的黏合性比较好，可以防水，用豆面和石灰粉搅拌可以保证防染浆不会在浸染过程中脱落，从而使得图案很好地展现出来。豆面、石灰粉和水一般搅拌 10 分钟到 15 分钟，这个没有固定的时间，主要是看防染浆是否搅拌均匀，这和室内温度以及每次放水量的多少也有很大关系。

五、请问：您觉得蓝印花布产品可以应用到生活中的方方面面吗？

周延亮老师：可以。蓝印花布产品的应用非常广泛，无论是服饰、桌布、窗帘还是小包、帽子，蓝印花布无处不在。虽说随着时代的进步，人们有了更多的选择，但是蓝印花布也有自己的特色，不会因为时间的流逝而消失在人们的视野中。另外，由于近几年国家政策的大力支持，越来越多的人开始追求淳朴的生活方式，这对蓝印花布产品的发展是非常有利的，也是我们这些传承人希望见到的。现在我们对蓝印花布的纹样也在不断进行创新，希望可以迎合当代人的审美，吸引更多的人进入到蓝印花布的世界，自觉地投身于蓝印花布的传承和发展中，以使蓝印花布的市场更加开阔，使蓝印花布历久弥新，熠熠生辉。

六、请问：您觉得现在影响蓝印花布传承和发展的因素有哪些？

周延亮老师：蓝印花布作为非物质文化遗产，是祖辈们留给后代的宝贵财富。我个人认为影响其传承和发展的主要因素有三点：一是人们的思想观念。以前蓝印花布刚刚兴起的时候，人们瞧着是个新鲜玩意，就比较喜欢，那时候很多人从事蓝印花布的印染工作，这也有利于蓝印花布的发展。改革开放之后，多种多样的布料时兴起来，蓝印花布的市场逐渐缩小了，而且工人们也有了更好的就业机会，许多人渐渐放弃制作蓝印花布，转而去其他工厂打工，蓝印花布的传承和发展停滞下来。近几年来，人们开始追求绿色、自然、无污染的生活，蓝印花布由于染料来源于大自然，面料舒适，市场也就慢慢扩大开来。二是艺人的创新意识。由于时代在进步，以前蓝印花布的工具比较简陋，纹样比较老式，生产效率低，不能满足现代人的需求。就拿搅拌防染浆来说，之前我一直是人力搅拌，搅拌的效率低不说，搅拌的质量也比较差，直接影响了蓝印花布的产量。后来，我购置了一台搅拌器，省时省力，增加了蓝印花布产量。创新是一个企业的灵魂。我现在设计纹样也会多看一些美术图书。只有以一种学习的态度，才能将蓝印花布发展得更好。三是国家政策的支持。国家政策就是一个风向标，只要有了国家的大力支持，蓝印花布的传承和发展就有了坚强的后盾。

七、请问：现在有学校老师、学生来您这里学习吗？

周延亮老师：有。现在主要和学校合作，他们邀请我去讲课，我当然是非常乐意的。这一方面有利于蓝印花布技艺的传承，另一方面学生的好奇心和探索精神也可以为传统的蓝印花布注入新鲜的血液，这对蓝印花布的未来发展是非常有利的。现在和我合作的学校是淄博轻工职业技术学院和淄博职业学院。另外，不定期地还会有高校来我这做调研，例如济南大学和山东大学。我现在教的主要是学生，一方面学生的学习能力比较强，另一方面学生一般是有组织地来学习，教起来比较方便。现在来这边学习的人数比以往有显著地增加，我觉得冲着这么多人的学习劲头，只要长期坚持下去，蓝印花布总会迎来属于自己的春天。

八、请问：您对来学习和调研的学生有什么想说的吗？

周延亮老师：来这里学习和调研的学生都是蓝印花布未来发展的重要依靠力量。我希望他们能坚持下去，多去不同的地方学习和传播蓝印花布的精髓，同时利用自身专业知识和现代的科技手段，使蓝印花布日臻完善。学生们要有责任感和使命感。

虽然现在是老师们带着学生们来学习和调研，但是学生们应该要有自己的思考，切身感受蓝印花布的魅力，不能为学习而学习，应该根据自己的实际爱好来为蓝印花布做贡献。比如，对蓝印花布印染感兴趣的同学应该时常来这边学习，对讲解蓝印花布历史有兴趣的同学可以向周围的同学讲解蓝印花布的历史，使更多的人了解蓝印花布。同时，来这边学习的学生应持之以恒，不能三天打鱼两天晒网。这是一个长期的学习过程，也是一个辛苦的过程，真正想学习这门手艺的人要耐得住寂寞，抵得住诱惑。学生们应该让自己发光发热，成为蓝印花布的传承者和传播者，让蓝印花布焕发出勃勃生机。

第八节　传承现状和对策

一、传承现状

中国传统手工技艺一直是以师徒、父子的形式世代相传，这就直接导致了蓝印花布传承人较少且蓝印花布的影响范围有限。再加上崇古守旧的封建思想，直接导致蓝印花布的生产缺乏创新能力。目前山东蓝印花布的艺人们呈现出青黄不接的状态。一方面，从事蓝印花布生产的艺人们大多年过半百，逐渐老去；另一方面，年轻一辈不愿意做蓝印花布的传承人。这种尴尬局面将使山东蓝印花布的传承和发展岌岌可危。此外，蓝印花布自身创新能力的不足也使得其无法迎合市场的需求，单一的纹样以及落后的生产方式也加剧了蓝印花布的危机。

1. 产量低下，没有形成规模生产

首先，山东地区蓝印花布的生产模式多为作坊式生产，从业人数相对于其他传统手工业来说较少，不足以形成专业化规模，更无法获得规模效益。其次，从业人员较为单一，多为艺人的家庭成员，导致蓝印花布的制作工艺在一定程度上没有得到普及，制约了蓝印花布产量增长的潜力。再次，由于只有少数人掌握蓝印花布的制作技艺，虽在一定程度上保留了蓝印花布传统手工艺品的文化基因，但创新力度不够，从业人员的创新思维等职业素养有待提高。最后，印染蓝印花布的工具急需改进，如果不抓紧研发新设备和新工具，蓝印花布就无法实现高效生产，不利于产量的提高。

2. 教育水平有限，后续动力不足

目前从事蓝印花布生产的艺人多为传统艺人，他们的教育水平有限，蓝印花布的大部分纹样都是单一地沿用传统图案，这就导致创新能力不够，蓝印花布产品缺乏市场活力。由于知识水平有限，他们很难将其他的印染技艺借鉴到蓝印花布的制作过程中去，蓝印花布的发展也就没有活力。再加上没有专业的信息化设备，不能及时有效地掌握市场的动态需求，进而无法推动蓝印花布的发展。此外，虽然蓝印花布印染技艺是一个传统手工技艺，但并不意味着纯手工一定是最好的，有时候借助科学技术才能更高效地完成蓝印花布的制作流程。例如，蓝印花布的花版设计牵一发而动全身，如果某一个小细节没有处理好，那么这块花版有可能报废，这是非常可惜的事。有的客户需要定制花版，而花版刻好之后才能看到效果。如果辛苦刻出的花版不符合客户心意，那么艺人之前花费的时间就有可能白费。相反，如果借助电脑绘图，并通过电子邮件发送给相关客户，收集他们的意见，并根据他们的要求进行调整，那么将有效降低花版的错误率，提高客户的满意度。

3. 需求下降，迎合市场能力欠缺

蓝印花布的兴起是因为人们对色彩的追求。而现如今，市场上充斥着各种色彩斑斓的布料及制品，它们都属于蓝印花布的替代品，势必对传统蓝印花布的市场造成冲击。一方面，它们颜色多种多样，给了消费者更多的选择。另一方面，它们早已实现机械化生产，可以满足更多人的需求。具体来说，在日常生活中，人们因为追求美观会在选择床单、被套时更倾向于选择多种色彩的布料，而桌布选择塑胶台布，因为这种台布更美观耐用、易清洗；至于蓝印花布包，早已被各式各样的皮包所取代。由于种种原因，蓝印花布逐渐失去了其独特优势，市场份额也逐渐下降，传统手工蓝印花布逐渐走出人们的日常生活。

4. 后继无人，缺少新鲜血液注入

蓝印花布艺人的逐渐减少阻碍了蓝印花布的传承与发展，而现代人对蓝印花布的不了解、不重视也加剧了蓝印花布传承的窘境。由于蓝印花布是手工制品，人力耗时较长，但是市场上蓝印花布的价格与同类产品并没有太大的区别，这就使得劳动力并没有得到相应的回报。一般而言，劳动力会往高工资的行业转移，在付出同等劳动力的情况下，人们会选择高工资的行业。劳动力的减少直接影响着蓝印花布的长远发展。

此外，随着时间的推移，以前民间流传下来的传统蓝印花布的花版以及花样渐渐失传，目前市面上见到的多数是艺人自己钻研刻画出来的，有些已经丧失了传统文化的韵味。花版的大量流失与人们的重视程度、民俗习惯以及生活方式有着重要的关联。由于人们的不重视，社会上没有形成保护传统文化的良好风气，有相当一部分蓝印花布的花版是自然毁损，另一部分则是人们不重视所导致的毁坏。随着新农村建设进程的逐渐加快，农民们进入新居往往会舍弃一些旧东西，而传统蓝印花布的花版往往会被当作落后的、无用的东西在人们搬迁过程中被丢弃。另外，一些科研单位也会由于各种各样的原因使得花版流失。这些对蓝印花布的传承是非常不利的。虽然近几年，各地区高校纷纷响应国家的号召，对蓝印花布工艺进行走访、调研和学习，但是这主要是在老师的带领之下进行的，而且学习也仅只是走马观花，没有深入学精、学透，学生只是将学习蓝印花布看成是一项任务，而不是一种爱好，这对蓝印花布的发展并没有实质性的好处。

5. 交流有限，仅局限于政府保护

目前生产蓝印花布产品的作坊较少，较为出名的是淄博周村和临沂兰陵县两家蓝染作坊，主要是以自主经营为主，从业人员有限且无明确的分工。作坊之间的交流较少，对外交流多以参加不定期的工艺美术年会和国内各项非物质文化遗产展会等，非常不利于蓝印花布的发展与创新。再加上蓝印花布自身的产业链较为薄弱，没有政府的扶持很难立于激烈竞争的市场当中，自身也没有足够的物质基础来形成专业化产业群。另外，蓝印花布印染行业没有专门的协会来支持和引导其发展，没有科学的发展道路也是影响蓝印花布传承和发展的严峻挑战。

二、传承对策

要使蓝印花布逐渐走出困境，并且焕发生机，需要付出的努力还很多，艺人们要进行自主创新，政府部门也要积极扶持。

1. 规模化生产，形成品牌

虽然说蓝印花布讲求全手工的制作过程，但是手工生产效率较低，无法满足人们日益增长的需求。蓝印花布的特点在于它的精髓，即纯天然、无污染，要充分利用其特点抢占市场。蓝印花布需要细分市场，具体分为手工市场和机械化市场，两个市场的价格完全隔离开来，手工生产的蓝印花布人工耗时较多，制作成本也较高，因而价格应当制订得高一些，而机械化生产的蓝印花布耗时较少，制作成本低，可以将其价格制定的低一些。每个蓝印花布产品的标签上可以注明是手工生产还是机器生产，使顾客可以自行选择。像旅游景点附近的游客较多，蓝印花布产品的需求量一般较大，家庭作坊生产可能难以满足其需求，因此可以采用机械化生产，当然如果游客比较倾向于手工制品，也可以去专门的手工蓝印花布商店购买。如果是对外出口，就应该采取作坊生产，外国顾客比较热爱手工制品，对价格敏感度不高，因而手工生产蓝印花布比较符合其需求。另外，蓝印花布作坊应该要做精做强，形成自己的品牌，增加产品的附加值。

2. 培训传承人，科学传承

传承人仅仅掌握传统蓝印花布的制作方法是远远不够的，应该与时俱进、推陈出新。针对传承人和从业人群受教育水平偏低，传承创新能力不足的现状，国家应建立非物质文化遗产传承研究小组，不定期对非物质文化遗产的传承现状进行研究，找出适合蓝印花布传承的适当方案。各地高校应该根据自身的实际情况定期开展非物质文化遗产传承人培训班，一方面可以将各种各样的传承人集合起来，让他们分享自己的传承心得；另一方面可以教授一些基本的科学技术，帮助非遗项目合理进行市场定位，以及改良生产工具，促进产品产量和质量的提高。只有蓝印花布的艺人们知识水平得到提升，才能舍弃掉蓝印花布印染过程中不合理的部分，取其精华，以更加科学的方式传给下一代。

3.科学市场定位，提高创新能力

随着时代的发展，蓝印花布除作为衣着服饰外，还可以在装饰品、旅游等行业中一展拳脚，开辟出自己新的特色。现在，很多人喜欢在家里装裱蓝印花布的工艺品，将蓝印花布作为茶几布和桌布，给整个家增添些许淳朴的韵味。蓝印花布的传承人应该树立新的观念，抓住机遇，重新对蓝印花布进行市场定位，使蓝印花布的市场份额维持在一个比较好的水平。此外，艺人们还应该对纹样进行创新，与时俱进，可以通过查阅图文书籍或者国家时事，找到新的突破点，这样才能使蓝印花布更加充满生机和活力。

4.政府补贴，培育新生力量

现在之所以学习蓝印花布的人逐渐减少，就是因为蓝印花布工人的工资与其他工厂相比没有优势。在经济利益的驱使之下，人们会选择工资高的工作。毕竟单凭一腔热情是无法与残酷的现实相抗衡的。因此，我们要想把蓝印花布更好地传承下去，就应该加大补贴投入，让人们看到国家扶持传统行业的决心，也让更多的人认识到学习蓝印花布的重要意义。另外，学校作为人才的重要输出地，应该开设蓝印花布相关的选修课程，聘请蓝印花布传承人作为授课老师，为学生提供学习蓝印花布的途径，从而推动蓝印花布的传播。如果学生们对蓝印花布非常有兴趣，可以申请寒暑假在传承人工厂实习，多多学习蓝印花布的工艺流程，这样就相当于直接为蓝印花布输出有知识的人才，帮助蓝印花布传承与发展。

5.借助传播媒介，扩大交流途径

蓝印花布起源于民间，发展于民间。从古至今，它一直深深扎根于传统老百姓生活中，它离不开老百姓，老百姓也离不开它。现在随着时代的进步，人们渐渐开始将蓝印花布淡忘，沉迷于各种新奇的服装款式，这是时代给蓝印花布的考验。艺人们不能像过去一样依靠口口相传的形式将蓝印花布技艺传承下去，因为这样的形式不仅效率低下，而且传播的范围较小，没有真正意义上将蓝印花布发扬光大。为了实现高效的传承模式，除政府、省文化厅、非物质文化遗产协会等相关部门的努力外，还需要借助民间的力量，艺人可以借助现代手机进行现场直播或者开设微博，一方面可以提升蓝印花布的知名度，另一方面可以吸引对此有兴趣的人来进行学习，从而推动蓝印花布的传承与发展。不过网络直播鱼龙混杂，需要有专门的部门对其进行监督，这样可以避免不法分子假借蓝印花布的名义进行圈钱，从而维护蓝印花布的美好形象。

第三章

潍坊刺绣技艺

潍坊刺绣属于鲁绣分支之一，是潍坊市的代表性刺绣，也是胶东半岛具有代表性的绣种。潍坊刺绣分为作坊绣与民绣。作坊绣主要供应官府、戏社或者社会地位较高的名流，绣品多为官服、官轿帘、戏服、字画绣等；民绣主要供应平民百姓，绣品多为门帘、鞋面、枕套、裙衣等。潍坊刺绣起源于清朝乾隆年间，继承了"齐都刺绣"的传统技艺。潍坊刺绣绣工精细，物象逼真，具有浓郁的地方色彩，从民国时就畅销日本、加拿大和中国香港等几十个国家和地区。潍坊刺绣技艺被列入山东省省级非物质文化遗产名录（表3-1）。

表 3-1 潍坊刺绣技艺

名录名称	潍坊刺绣技艺
编号	Ⅷ-15
名录类别	传统手工技艺
名录级别	省级非物质遗产
申报单位	山东潍坊

第一节　起源与发展

一、起源

潍坊刺绣是鲁绣的一种。鲁绣是山东地区的代表性刺绣，在春秋时期已经兴起，史称"齐纨"或是"鲁缟"，至秦而盛，至汉已相当普及，曾经作为"八大名绣"之一享誉海内外。鲁绣种类较杂、产品繁多，主要有济南发丝绣、烟台抽纱、即墨花边、蓬莱梭子花边、棒槌花边、手拿花边、网扣、钩针、满工扣锁、乳山扣眼、生丝台布、百代丽、烟台绒绣、临清哈达等。潍坊刺绣是潍坊地区一带的代表性鲁绣。在清朝乾隆年间，郑板桥在《潍县竹枝词》中曾经描写过当时潍坊妇女的穿戴："罗绮成箱绣成堆，春衫窄袖好新裁。"从诗句的意思可以看出，潍坊刺绣在清朝已经形成一定的规模。当时的潍坊在全国享有"九千绣花女，十万织布机"的美誉。

二、发展

清末民初，山东潍坊刺绣作坊有30多家，绣工之多遍及潍坊城乡。潍绣发展为商品后，广大妇女为生计所迫，以绣花作为一种家庭副业。她们千方百计提高技艺，精工制作。据潍县志记载："潍县绣花初仅作堂地装饰之用，如套袖、裙子、枕顶等类，嗣后技术日精，凡围屏、喜帐、戏衣等皆能绣制，其优美过于南绣❶。"因而，潍绣成为鲁绣的代表种类之一。

新中国成立后，在机器生产的影响下，潍坊刺绣从单一的手绣工艺品发展为手工产品和机制产品两种。手绣工艺品以传统的潍坊刺绣工艺为基础，在挖掘和继承潍坊刺绣传统技法的基础上不断创新，其中济南刺绣厂通过与绘画的结合，将潍坊刺绣提

---

❶ 泛指苏绣、粤绣和湘绣。

高到一个新的水平。

　　作为我国北方具有代表性的绣种，2006年6月，潍坊刺绣技艺被列为山东省第一批省级非物质文化遗产名录。2009年，潍坊刺绣能手丁培玲、李素贞被评为山东省非物质文化遗产项目潍坊刺绣代表性传承人。2012年，李银凤被评为潍坊刺绣市级非物质文化遗产代表性传承人。传承人李素贞在刺绣技艺方面所获荣誉见表3-2。

表3-2　李素贞所获奖项荣誉一览表

时间	颁奖单位	奖项名称	图片展示
2009年6月	山东省文化厅	潍坊刺绣代表性传承人	
2014年4月	潍坊市轻工行业办公室 潍坊国际风筝会办公室 潍坊市工艺美术协会	潍坊市工艺美术抽纱刺绣界"领军人物"	
2014年4月	潍坊市轻工行业办公室 潍坊国际风筝会办公室 潍坊市工艺美术协会	《梅兰竹菊》四折屏与龙凤呈祥在第七届中国（潍坊）风筝产品博览会暨第二届工艺美术节分别荣获金奖	
2014年12月	山东省文化厅 山东省非物质文化遗产保护中心	《龙凤呈祥》《凤穿牡丹》等3件代表性作品被山东省非物质文化遗产保护中心收藏并长期陈列宣传展示	

时间	颁奖单位	奖项名称	图片展示
2015 年 6 月	潍坊市文化广电新闻出版局	在"九千绣花女"培训活动中，被授予突出贡献奖	

第二节　风俗趣事

一、将刺绣作品当结婚礼物

李素贞老师如今头发花白，但十指灵活，耳聪目明。近期，她特地为孙子、孙女准备了结婚礼物。李素贞老师采用不同颜色的刺绣丝线，描摹郑板桥大师的梅兰竹菊作品，两套作品表现得栩栩如生、活灵活现。第一套梅兰竹菊用了 25 天完工，第二套用了 40 天左右完工，十分辛苦。而且从网上买的原材料花费也比较高，真丝线每米 170 元，装裱一幅近 80 元。

二、赴北京参加进修

李素贞老师曾于 1960 年在中央工艺美术学校进修，在大约一年的时间里，李老师打下了一定的绘画基础。李老师在回忆中带着满满的自豪感与收获感，觉得这一年中的绘画技艺得到了极大的提升，促进了刺绣技艺水平的提高。

三、外地人来潍坊学习刺绣

在李素贞老师教授刺绣的过程中，有好多外地人慕名而来。有一位广州的学员，交流沟通虽然困难，但绣出的作品却让李老师十分满意。还有陕西一位对刺绣有兴趣的同志打算拖家带口前来学习，但衣、食、住、行成本较高，因此学习难度很大，让李老师实感为难。

第三节　制作材料与工具

一、制作材料

　　传统潍坊刺绣工艺在母女间代代相传。农闲时节，女子们三五成群聚在一起，在撑子上飞针走线。她们用不同的技法在衣裙、手帕、被褥、肚兜等各种布料上绣出各式各样美丽的图案。刺绣用的原料为丝线。随着技艺的传承，潍坊刺绣技艺不断精进，李淑贞老师将原本的丝线又分为两股进行刺绣，使得刺绣主体更加细腻多姿，栩栩如生。

二、制作工具

　　依据潍坊刺绣的制作流程，不同阶段所需的制作工具各异，其主要工具详见图 3-1~ 图 3-7。

图 3-1　硫酸纸

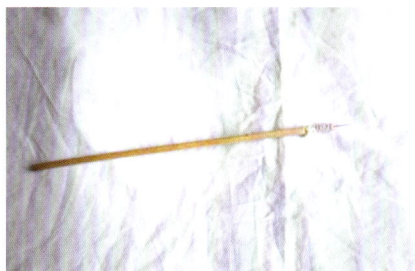

图 3-2　刺样针

图 3-3　板刷

图 3-4　盐水碟

图 3-5　绣针

图 3-6　丝线与绷布

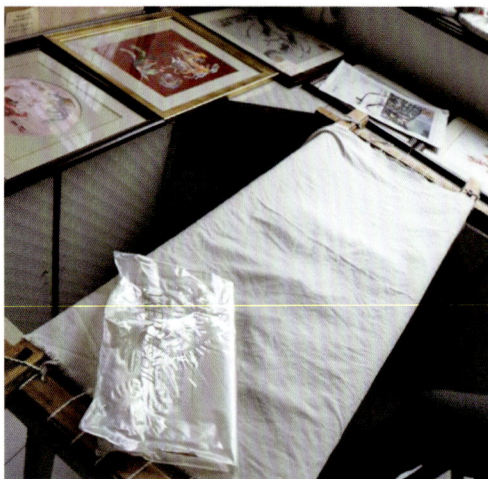

图 3-7　撑子与盖布

第四节　制作工艺与技法

一、选稿

在刺绣开始时，要选择适合刺绣技法表现的画稿，例如油画、国画、照片或图案设计稿等。起初的画稿风格相对简约，多为喜闻乐见的图案。随着潍坊刺绣技艺的成熟，其刺绣效果的表现力大大加强，因此，在选稿的范围上基本上没有什么限制。

二、上绷

在绣料四周缝上布条，用细棉绳拉紧，固定在绷架上。务必使绣料经纬平直，防止落稿后图稿发生变形。

三、落稿

将选好的稿样拓在硫酸纸上，之后用刺样针依照硫酸纸上的稿样轮廓均匀刺出小孔，随后用夹子将其固定于绣料上。用刷板蘸取盐水碟中的盐水在硫酸纸上轻刷，最后盐水会通过硫酸纸上的小孔渗入绣料。注意落稿要轻，防止污染绣料或扯动经纬，影响绣品质量。

四、配线

依画稿颜色选择彩色绣线。之前受到生产水平和商业化程度的限制，一般需自备绣线，染线配线需自己动手，如缺少必要的色相，需要临时配色染制。而随着生产力的提升，现在丝线种类与色彩较为丰富，可直接在电商或市场上直接购买所需要的配线。

五、刺绣

潍坊刺绣针法多样，其代表性绣法为平绣与盘金绣。潍坊的盘金绣是在彩色绣线中运用金线绣入，产生较强的色彩效果，其针法包括勾边、满平、压鳞、打彩等。1959 年，潍坊工艺美术研究所绣制了盘金绣仿古青铜器四幅，充分发挥了盘金技法的效果，是潍坊刺绣中的精品。

六、整理

刺绣结束后便剩下最后一道工艺——整理。它包括清除尘垢、熨烫平整、刮浆、在背面固定针脚、卸绷装裱等。

第五节　工艺特征与纹样

从我们见到和搜集到的刺绣实物，不难看出潍坊刺绣异于其他名绣的独特面貌。潍坊刺绣至今仍保持了民间艺术的特色，绣饰不脱离实用，为此，潍坊刺绣耐磨力强，具有较高的实用价值。潍坊刺绣的创作和加工，配色较为浓重，在刺绣的过程中讲究明暗、虚实之间的对照，从而更显得丰富多彩、独具匠心。

传统的潍坊刺绣在纹样处理的艺术手法方面，从花鸟、山水到人物等各方面的纹样和设色上都比较重视艺术的概括和夸张，色彩较为鲜明，对比显得强烈。它充分发挥图案的装饰手法，再加上圈边，留空，饰金银，以及"退晕""色晕"等多种技法的灵活配合，使绣品纹样的装饰性特别强。潍坊刺绣的纹样造型中有许多蕴涵深刻的象征意义和象征性造型。它们常常通过谐音、寓意、符号三种方式赋予造型以象征意义。如：金玉（鱼）满堂中的金鱼缸和金鱼，吉庆（磬）有鱼中的鲤鱼与磬，喜上眉（梅）梢中的喜鹊站立梅枝头。还有桃、鱼、松、鹤寓意长寿，鸳鸯、双飞燕、并蒂莲寓意夫妻恩爱、永结同心，石榴寓意多子多福等。

第六节　作品赏析

潍坊刺绣在绣品、选题、构图、色彩和针法方面均形成了独特的地域风格。从绣品上看，潍坊刺绣以日用纺织物品为主，主要是绣制结实耐用的生活用品。从选材上看，多为寓意吉祥的图案，如花瓶、金鱼、石榴、喜鹊与梅花等形象，传达的是"平平安安""金玉满堂""多子多孙""喜上眉梢"的含义，表达出潍坊人民生活化的主题和朴素的思想内涵。从构图上看，很多是对称、连续的结构。从色彩上看，选择相对简单，用色单纯，色彩变化少，色彩强烈、明快，在色相、明度上突出对比。红色是潍坊刺绣最常用的色彩，是生活喜庆、吉祥的象征；黄色象征大富大贵；绿色象征生命的生机和活力；紫色象征好运。潍坊刺绣常用的深色有大红、绿、蓝、紫、黑色，浅色有黄、粉红、粉绿、粉蓝、金、银、白色，通过深浅搭配，形成了热烈、奔放、鲜明的视觉冲击力。从针法上看，常用的有平针、插针、齐针、缠针等多种绣法。代表作品如图3-8~图3-19所示。

本节所选的作品具有以下特点：体现了粗犷、朴素的北方地域文化特点，和南绣的细腻丰富形成了鲜明对比；反映了当地节令风俗活动，如婚嫁、定情等；潍坊当地独特的乡土文化。

图3-8中的《龙凤呈祥》是以浅色为底色，金黄色的凤凰和红色的龙因对比色而格外突出，以浅紫色和绿色来呼应和协调与底色的关系。这幅绣图寓意着富贵、美好和吉祥。

本节选的刺绣图3-19中的《虎头鞋》是潍坊刺绣中常见的儿童服饰。老虎，百兽之王，能够震慑、驱逐一切灾难。老虎的形象夸张，憨态可掬、稚拙可亲，色彩活泼，具有父母期盼孩子健康成长的寓意。

图3-8　龙凤呈祥（一）

图3-9　龙腾四海（黑底）

图3-10　龙腾四海（白底）

图3-11　兔年兴旺

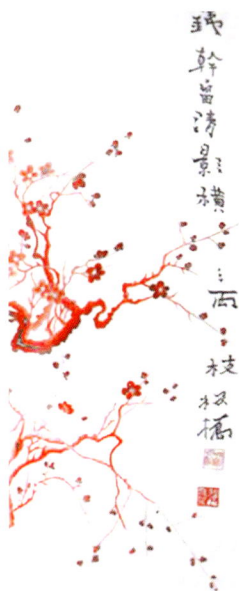
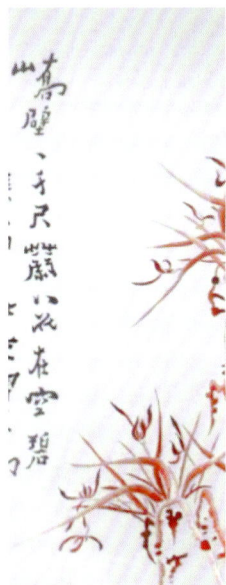

图 3-12　梅　　　　　图 3-13　兰　　　　　图 3-14　竹　　　　　图 3-15　菊

图 3-16　凤凰

图 3-17　龙凤呈祥（二）

图 3-18　荷包

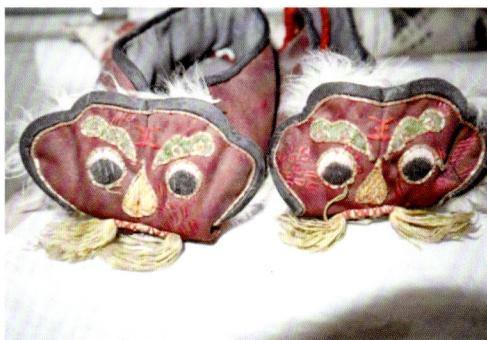

图 3-19　虎头鞋

第七节　传承人专访

图 3-20 是作者对李素贞老师进行专访。

图 3-20　对李素贞老师进行专访

一、请问：您是从什么时候开始接触这门手艺的？

李素贞女士：我是从 5 岁就开始学习纫针，开始学习这门手艺。

二、请问：您的技艺是和谁学习的？有没有什么对您来说比较有感触的事情？

李素贞女士：家人都会刺绣，我是和妈妈、奶奶、姥姥学习的，从小耳濡目染。

三、请问：您的刺绣灵感都是从哪里获得的？

李素贞女士：我的刺绣图案有的是描摹大师的作品，比如郑板桥、齐白石，也有一部分是直接从网上下载的。

四、请问：您的后代有没有和您继续学习刺绣技艺呢？

李素贞女士：目前只有孙女和我学习，但她正在读高中，基本没有时间来刺绣。

五、请问：您一般是怎么传承刺绣技艺的呢？

李素贞女士：我前年（2015 年）有去培训班教学，是我们当地的艺术馆主办的，面向人群是对刺绣感兴趣的人群，谁愿意学都可以过来。

六、请问：一般参加哪个年龄段的人群来参加您的培训班呢？

李素贞女士：年龄段集中在五十岁左右的人群，她们一般周末来学习刺绣，也有退休之后的女同志前来学习。

七、请问：那您刺绣的原材料是怎么获取的？

李素贞女士：我一般在网上购买，刺绣的丝线、底料都是，南方的原材料比较丰富，一般孙子负责购买。

八、请问：您的刺绣作品销售状况如何？

李素贞女士：我不卖，而且买的人特别少。所以有些刺绣作品给艺术馆展览了，有一些是留给孙子、孙女的。

九、请问：在您看来，刺绣技艺传承现状如何？

李素贞女士：以前是九千绣花女，现在连九个也没有了。年轻人对刺绣接触很少，而且不适合产业化。因为大家学会刺绣之后不是去相应的单位工作，没有产业化的环境。

第八节　传承现状与对策

一、传承现状

潍坊刺绣极大地丰富了当地人们的物质文化生活，成为传统刺绣文化中的重要内容，在我国工艺美术史上占有极其重要的地位，对于齐鲁文化的传播和发展也产生了重要的影响。

近年来，由于国际、国内市场经济的不断变化，山东的轻纺行业一度低迷，潍坊刺绣也受到影响。由于追求经济效益，多种现代化绣花机器正在不断取代传统的手工刺绣，使最具特色的手工刺绣工艺难以为继。传统刺绣工艺导致劳动效率较低，企业经济效益欠佳，企业面临生存危机。传统价值观念和时代审美观之间的矛盾也使得潍坊刺绣工艺的前景扑朔迷离，机器印刷的出现使潍坊刺绣在日用品上不可避免地失去了大部分的市场。在工艺品市场上，真正熟识潍坊刺绣的人太少。因此，无论是思想、设计上的创新，还是技术上的创新，都无从实现，更别说在激烈的市场竞争中取胜。

刺绣艺人的老龄化以及培养新生力量的资金投入不足，加之学习潍坊刺绣要求比较高，除本人兴趣外，还要有一定的艺术修养，同时还需心细手稳，耐得住寂寞，这使得年轻人很难投入到这项民间艺术之中，后继无人的现象也开始显现，使最具特色的潍坊刺绣工艺难以为继，其艺术的研究和发展又遭到了空前的危机和挫折。

二、传承对策

针对潍坊刺绣工艺的现状，借鉴其他手工工艺项目在传承、保护和开发方面的经验，本文认为着重要做好以下几个方面的工作：

（1）保护潍坊刺绣非物质文化遗产传承人。建立潍坊刺绣研究所，主要从事收集、梳理、归类、保存等工作。将潍坊刺绣非物质文化遗产传承人刺绣的过程予以记录，以音像、图像等记录方式为载体，将潍坊刺绣非物质文化遗产的传承人与传承载体进行详细记载，方便日后回顾与查询。

（2）保护潍坊刺绣非物质文化遗产传承作品。建立潍坊刺绣非物质文化遗产博物馆，主要从事收集、展览、宣传等工作。广泛收集潍坊刺绣非物质文化遗产传承人手中的作品；以科学的方式进行展览、储存、维修，将现有的潍坊刺绣非物质文化遗产得以良好的保护；与此同时，在博物馆中播放潍坊刺绣非物质文化遗产的制作视频与宣传手册，为前来参观潍坊刺绣非物质文化遗产的观众予以展播。

（3）建立潍坊刺绣非物质文化遗产品牌形象与品牌战略。根据潍坊刺绣非物质文化遗产的传承现状，进行中高端市场定位。在提升其使用价值的基础上，充分挖掘其鉴赏价值与收藏价值。激励书法家、画家与潍坊刺绣非物质文化遗产传承人打造精良刺绣作品；在穿着、使用、收藏、鉴赏的过程中，借助名人效应与大型文化、体育等活动扩大品牌形象。

（4）拓宽潍坊刺绣非物质文化遗产保护路径与开发方式。举办潍坊刺绣非物质文化遗产技艺比赛，从刺绣构图、刺绣技法、刺绣色彩等多个角度评选优秀刺绣作品，以物质与精神奖励不断激发潍坊刺绣非物质文化遗产传承人的创造力、表现力与传承力；联合高校开展潍坊刺绣非物质文化遗产商业模型创新比赛，从高素质人才角度深入挖掘、探索潍坊刺绣非物质文化遗产的保护路径与开发方式，在探索商业模式的过程中也将潍坊刺绣非物质文化遗产的传承融入了高校学子的第二课堂中来。

第四章

曹州堆绣

第一节 起源与发展

一、曹州堆绣的起源

定陶，古称陶丘，简称陶，是鲁西南地区一座历史悠久的古城，是中华文明的发祥地之一。据史记记载，春秋战国时期，越国大夫范蠡助越灭吴后，功成身退，以陶为"天下之中，诸侯四通，货物所交易也"，遂留恋不去，定居经商，被世人尊称为商祖、商圣。范蠡，号陶朱公，死后葬于陶，定陶之名因此而来。

定陶位于安徽、河南、山东三省交汇的地方，交通便利、历史悠久，文化积淀深厚，民间的传统工艺也非常之多。追溯到四千多年前的新石器时代，这里就有了人类生活的足迹，拥有非常深厚的文化历史积淀，曹州堆绣就起源于这里，距今已有超过400年的历史。元末明初，曹州的谷家女子嫁到定陶县陈集镇的刘家，曹州堆绣跟随其传于陶并发扬光大。

曹州堆绣以田园风光作为其载体，主流是仿生，有着非常浓厚的生活气息，形象栩栩如生，内容广泛，给人以很强的视觉冲击力。留传至今的老虎靴、老虎枕、年年有余布兜、千姿百态的花草虫鱼门帘、花开富贵的牡丹挂图等，毫无例外都是延传的精品，从古至今常作为吉祥陈设用于重大节日。

二、发展历程

曹州堆绣从明清时期发展至今，经历了朝代的更迭和时代的发展，逐渐积淀了深厚的历史文化底蕴（图4-1）。

清朝早期 多用几何图案、立体感强	清朝中期 花纹趋向小巧而精细发展	晚清至民国 运用团花等图案，保留了传统技法	近现代 保留技艺之外，装饰性更强

图4-1 曹州堆绣的发展历程

清朝早期，曹州堆绣与明代传统一脉相承，多用几何图案和缠枝折花形状，传统的图案大部分色彩艳丽，风格古朴，典雅庄重。曹州堆绣的原料为绢、绫、丝、棉麻及各种布料，表现对象多为佛像、神话人物、仕女、花鸟等，先后经过设图、裁剪、堆贴、绣制、贴染等多项工序剪制成形后，利用粘贴等方法堆积而成。

堆绣的制作分为高堆和平堆，比较而言，高堆的立体感更强，平堆的画面更加分明。制作艺人根据自己想要表达的内容需求，首先选择好所需要颜色的绸缎，裁剪成所需尺寸的人物、走兽、花鸟等形状，然后粘压到预先剪好的纸张模型上，顺序按照由深到浅，依次粘堆。由于粘堆富有层次性，高低凹凸都不一样，因此具有强烈的立体效果，婉如一幅丝质的彩色浮雕。

清代中期，曹州堆绣花纹图案转向小巧精细，并受到西方绘画的影响，加入了一些西洋的花卉图案，使曹州堆绣更加艳丽奢华。此时，织绣的工艺仍是分为两种：官营和民营，官营集中在南京、苏州和杭州，被称为"江南三织造"，民营则主要分布于曹州一带，以定陶为主。

晚清以后至民国，曹州堆绣出现了新的制作方法，题材开始大量运用团花、球花、开光、满地、绵纹等图案，如水墨画风格及三蓝风格，并且把十多种堆绣的技法成功地传承了下来。

近代堆绣艺人传承了先辈的堆秀技艺，作品上不仅保持色彩上独特的鲜艳，而且具有更强的装饰性，制品也更为平滑，具有立体感，题材多是以牡丹、百鸟朝凤、博古类作品为主。画面色彩绚丽，具有强烈的生活气息，形象栩栩如生，给人以非常强烈的视觉冲击。由于曹州堆绣的作品都是手工制作而成，所以，每一件作品都反映了制作者内心世界的独白。像老虎靴、老虎枕、年年有余布兜、千姿百态的花草虫鱼门帘和花开富贵的牡丹图，都是延传百年的精品。根据流传至今的传统吉祥图案"花开富贵"，经过传承人刘宪堂老师的整理，再加上多位精于堆绣制作的老人一起经过反复的构思，最终成功复原了《花开富贵牡丹图》。如今的曹州堆绣集中于定陶县陈集镇，原料主要还是软缎和彩丝，有晕色、切色、拉丝等 20 余种堆法，形成了具有浓厚的鲁西南的地方风格。主要选取的题材有人物、花鸟、虫鱼、走兽、山水，取西洋美术及中国各地方堆绣的长处，创造出来有光线效果的仿真绣。时至今日，定陶县陈集镇曹州堆绣研究所在继承和传承上，发挥着重要的作用，并创造了良好前景和效益。

就全国而言，不仅只有菏泽一处有堆绣，但是，它们之间是有区别的。曹州堆绣的整幅作品大部分是用棉布或者缎料做成的，而其他地方的类似堆绣作品，只是在关键部位用布制作，其余部分则是画上去的，因此曹州堆绣有着更强的立体感。虽然曹州堆绣有着非常辉煌的历史，但是随着快节奏的现代文明的发展，曹州堆绣受到了很大的冲击，传承也变得越来越为困难，独具地方特色的曹州堆绣生存空间越来越小，特别是在 20 世纪 50 年代已经濒临绝迹。

现在的曹州堆绣，以第七代传承人刘宪堂老师为代表，依旧延续着先辈的技艺，能熟练地运用晕色、切色拉丝等 20 余种堆法，取西洋美术和其他中国绣品的长处，保持着曹州堆绣的仿真效果，使其不失传统技法的独特性，在材料的选取方面更加考究，工艺也更为精细，运用多样化的制作工具，有机地将平面堆绣和立体堆绣融为一体，使作品的视觉效果更加趋向完美，具有更高的观赏价值。

三、发展现状

"堆绣看似简单，其实不然。"刘宪堂老师说："堆绣其实是一个非常细腻的手艺，工序也非常烦琐，从选题、复印、剪、裁、粘到拼图，即便一幅简单的堆绣作品也要付出几天的劳动，我的那幅牡丹图用了整整四个月时间才完成。"即使是同一个图案，同一个人做，由于制作者的心境不同，虽然在大体上看来没有什么区别，但是仔细观察，在细微之处，尤其整幅作品的神韵还是能感受到大有不同的，更别说出自不同制作者的作品了。究其根本，还是由于曹州堆绣讲究的是纯手工制作。

随着对社会对传统非遗的重视，对曹州堆绣的重视，在山东曹州建立了菏泽市曹州堆绣工艺技术研究所及菏泽文化产业示范基地（图4-2和图4-3）。

如今，随着社会经济的高速发展，古老技艺"曹州堆绣"也慢慢淡出人们的视野。随着几位老艺人的相继离世，曹州堆绣技艺传承呈现脱节局面。刘宪堂老师早年的时候经营了一家服装加工厂，在服装界打拼了40余年，为了保护曹州堆绣这一传统技艺，他的服装厂的收入很多都转投到堆绣上，累计超过20万元。这几年，服装市场竞争日趋激烈，服装厂境况也是大不如前，这让刘宪堂老师捉襟见肘。尽管如此，刘宪堂老师依然坚持传承，而且还积极开办堆绣培训班，打算多培养几个接班人。

图4-2　曹州堆绣工艺技术研究所

图4-3　菏泽文化产业示范基地

四、所获荣誉

曹州堆绣由于其历史悠久、技艺精湛，在2011年11月和2013年5月入选山东省菏泽市市级非物质文化遗产和山东省第三批省级非物质文化遗产名录（图4-4和图4-5）。其各类作品，诸如《花开富贵》《堆绣牡丹》《唐卡》《观音》等也在各大赛事中获得了诸多荣誉（表4-1）。

图4-4　市级非遗牌匾

图4-5　省级非遗牌匾

表 4-1　曹州堆绣相关荣誉及部分作品获奖情况

日期	颁奖单位	获奖名称	证书
2011 年 3 月	山东省文化厅	山东省农村特色文化品牌	
2012 年 1 月	菏泽市文化广电新闻出版局	菏泽市文化产业示范基地	
2015 年 12 月	山东省工艺美术协会	山东省工艺美术行业设计创新进步奖	
2016 年 7 月	中国工艺美术协会	中国工艺美术博览会艺术品评比大赛金奖	
2014 年 4 月	山东省工艺美术协会、山东省工艺美术学会	《马到成功》在第二届中国菏泽工艺美术精品展上获银奖	

日期	颁奖单位	获奖名称	证书
2014 年 10 月	山东省工艺美术协会、山东省工艺美术学会	《唐卡》获山东省工艺美术设计创新奖金奖	
2014 年 10 月	菏泽市妇女联合会	《花开富贵》在"首届菏泽市妇女手工艺作品展"中被评为优秀奖	
2015 年 6 月	山东省工艺美术协会、山东省工艺美术学会	《观音》获山东省工艺美术精品奖铜奖	
2016 年 5 月	山东省工艺美术协会、山东省工艺美术学会	《堆绣牡丹》获山东省工艺美术设计创新奖银奖	

    刘宪堂老师为了保护曹州堆绣，以使部分优秀的作品能够很好地保留和传承下去，特意对部分优秀作品向国家版权局申请了著作权登记（表4-2），有效防止了作品的仿冒和伪造，也保证了曹州堆绣这项非遗能够传统而纯粹地发展下去。

表 4-2　部分作品著作权登记证书

日期	作品名称	著作权登记证书
2011 年 3 月	《蝴蝶美女》	
2011 年 4 月	《马到成功》	
2011 年 7 月	《国色天香》	
2011 年 8 月	《美好家庭》	

第二节 风俗趣事

一、进京创收惨遭骗，愤然回乡苦钻研

真正吸引刘宪堂老师进入堆绣世界的，还有一段鲜为人知的经历。2003 年，刘宪堂老师看到北京的一个公司在收购小型布艺画，于是就交了 1500 元押金，从北京这家公司拿了 200 件作品的原料进行加工。由于自己一个人精力有限，还特地新招了几位同乡一块进行加工。作品完成之后，北京那边要求把成品寄过去，见到作品之后就会将货款打到刘宪堂老师的账户上。但是，刘宪堂老师还是不放心，于是，就亲自带着 200 件成品来到北京，找到那家公司。虽然最初有各种承诺，但是，当刘宪堂老师把作品交付给公司时，公司找到各种借口推说成品不合格，拒绝支付货款，并且还不退还最初的押金。刘宪堂老师发现自己上当之后，无奈之下只好带着这些作品回到菏泽。回家之后他和自己较起了劲，凭借自己多年开服装厂做服装的基础，开始走上堆绣之路。他每天废寝忘食地研究堆绣，并慢慢痴迷于此。

二、废寝忘食妻不满，苦尽甘来终如愿

通过一番努力，刘宪堂老师在堆绣作品中融入了很多创新的现代元素，例如孝老爱亲、婚育文化、移风易俗等，作品特色颇见成效。但是终日沉迷于此，对其他事情照顾不到位，引来了妻子的不满。由于家里的收入只是靠服装厂，并且厂里的生产也非常忙，但是刘宪堂老师整天沉迷于和碎布头打交道。妻子嫌他是不务正业，没能对厂里的经营上心。刘宪堂老师为了不耽误服装厂的正常运营，只好每天在忙完厂里的事情之余，回到自己小小的一番堆绣的天地，把工作室的门关上，静下心，潜心琢磨。日复一日，看着刘宪堂老师对堆绣如此痴迷，妻子也耳濡目染，开始理解他，并不时地为刘宪堂老师帮帮小忙，打打下手，自己也开始学习堆绣的技艺。

在刘宪堂老师工作室的四周墙壁上，挂满了几十幅堆绣作品。工艺之精湛、结构之惟妙，真的很难让人想象如此精美的堆绣作品，竟然出自一位花甲男人的手。这番成功也可能是源于刘宪堂老师从小痴迷画画，初中毕业即进入企业搞服装设计，与布艺结下了不解之缘。

第三节 制作材料与工具

堆绣是一种利用不同颜色的绢、棉麻等布料剪成所设计的图案、形状，精心堆

贴，再用彩线绣制成一幅幅完整画面的传统手工技艺。曹州堆绣的原型是当地流传的一种刺绣工艺，这种工艺是大家闺秀在深闺之中缝衣刺绣的必须功课，在小孩的鞋帽、睡觉的枕头或者衣服上的贴布刺绣，用来点缀美化生活，至于这种家庭刺绣如何演变成现代的堆绣艺术，由于年代久远，历史已无法翔实考证。

曹州堆绣的制作材料主要是棉麻、丝绸、人造棉等布料，在原材料的获取上，以前是自己手工染织的各色布料，以及刘宪堂老师经营的服装厂生产剩下的碎布料，目前则主要是传承人刘宪堂老师去印染厂订货，购买回印染好的布料。同时，在制作底版时也需要硬纸板等辅料做好绘图和裁剪工作。

一、棉布、缎料等

这是制作曹州堆绣最主要的原材料，选料时需要在印染厂定制不同颜色和花纹的面料，根据每幅作品的立意和初衷，选取不同的颜色和花纹，为下一步的裁剪和粘贴做准备（图4-6和图4-7）。

图4-6 制作堆绣需要的布料（一）

图4-7 制作堆绣需要的布料（二）

二、碎布和硬纸板

按照设计好的图样，将选好的面料剪成对应大小的布块。硬纸板是用来临摹和绘画图样的底版（图4-8和图4-9）。

图4-8 制作堆绣需要的碎布

图4-9 制作堆绣需要的硬板纸

三、主要工具

曹州堆绣制作的主要工具就是尺子、剪子、镊子等常用的家庭用品，以及黏合所需的白乳胶。尺子用于按照图样的尺寸度量面料和纸板；剪子用于裁剪纸板和面料；镊子和白乳胶主要用于布料的粘贴工序。这些工具十分简单，操作也很方便，刘宪堂老师可以用它们制作出一幅幅精美的堆绣作品（图 4-10）。

图 4-10 制作堆绣需要的基本工具

第四节 制作工艺和技法

现代的曹州堆绣基本上保留了传统技艺原型，从图形描样、布料裁剪到堆贴成型，再到绣制完成，每一道工序都是纯手工制作完成的。

一、制作底稿

创作一幅作品需要有原样作为参考，也就是底稿，而原样底稿的设计绘制对于一个没有绘画功底的刘宪堂老师来说并不是一件容易的事，所以他早期主要是临摹现成的绘画作品，后期随着手艺的熟练，也渐渐可以自己设计和创作一些好看的图样，用来制作底稿。

二、裁剪底稿

整幅底稿临摹完成之后，将复印好的硬纸片按照作品的线条分块逐一剪开，裁剪的时候注意不能剪歪或剪错，比如制作一幅牡丹，需要按照图样裁剪下每一块花瓣和枝叶，一旦剪错，之后再拼接的时候就达不到理想的造型。剪好的纸板当作底版，用来粘贴、固定柔软的布料，使其呈现出理想的造型。

三、底稿的填充

底版制作完成后，不着急直接贴布，而是要粘上海绵，这也是曹州堆绣的主要特点之一。原来曹州堆绣布料里面的填充物多为棉花，时间久了，作品会发硬，铺得不平的话，作品的层次感也会受到影响。使用海绵之后，不仅比棉花方便了一些，而且可以使作品弹性变大，画面立体感得到增强，达到类似浮雕的效果。在布与底板之间用以填充，使图样具有立体感，比如人物的面部、服饰、花朵的花瓣等都以填充的方式来凸显立体效果。

四、粘贴布料

底板粘好海绵之后，就需要粘贴布料。制作曹州堆绣使用的布料一般是棉麻类的居多，主要在于这种布料强度较高、结实耐用、吸水性好、容易上色、富有弹性、造型效果好。根据作品的需要，选择合适颜色的布料进行裁剪，粘贴在附有海绵的底板上，粘贴的时候要用镊子小心粘合，一方面不能改变原有的造型，另一方面也要保证每一小块粘贴的作品平整、圆滑，这样才能保证在下一步堆贴时不会出现缝隙和凸起。

五、堆贴成型

布料粘贴完毕后，就是制作曹州堆绣的关键环节，即堆贴环节。这一步需要按照事先设计好的图案效果从上往下按层次粘贴，先把最上面的层次做好，然后左右展开，从最顶层开始，一层压一层，一层粘一层，层层堆贴，层层相连，直至最底层。层次的堆叠正是曹州堆绣堆贴的秘密所在，更是作品视觉立体感的呈现。一幅好的作品会严格按照上述的堆砌要求完成，这样才能呈现出一幅外形美观、堪比绘画但又立体感十足的作品。

六、修饰与装裱

传统的曹州堆绣在制作时，比如花朵的花蕊，虎首的须发等，都采用彩线绣制，除此之外，堆贴在一起的各部分的边缘也要用彩线绣在一起。发展到现在，曹州堆绣引进了现代的装裱工艺，一方面省去了边缘绣制的环节，使其更具观赏性；另一方面也让每幅作品整洁规范，便于保存。

第五节 工艺特征与纹样

在位于定陶县陈集镇的曹州堆绣工艺技术研究所里，"馨香淡雅自从容，玉骨冰清绽碧空"，刘宪堂老师的一幅白玉兰作品含苞待放、娇艳欲滴、错落有致、十分惹眼（图4-11）。裁缝出身的他，与布匹打交道，加上祖辈的言传身教，刘宪堂老师与堆绣结下了20年的缘分。在他的研究所里，陈列了种类丰富、形态各异的堆绣作品。

定陶属于山东省菏泽市，而菏泽

图4-11 《白玉兰》

作为有名的牡丹之乡，具有深厚的牡丹文化，所以传统的曹州堆绣的题材主要以牡丹为主，这也是曹州堆绣最大的特点之一。随着历史的演进，发展到今天，曹州堆绣用来装饰美化物品的实用功能已经基本退出了历史舞台，而是以一种供人欣赏、审美的工艺品的角色展现在世人面前（图4-12）。

图 4-12　曹州堆绣之牡丹

现在的曹州堆绣，在保留原有的牡丹题材的基础上，大大扩展了题材，从基本的花鸟鱼虫，到雄伟的山水风光，再到形色各异的人物等，内容丰富多彩。另外，现代的曹州堆绣广泛借鉴，成功融合了现代西方绘画的一些现代艺术元素。内容更为广泛，画面色彩更加鲜艳，形象栩栩如生，有着浓厚的生活气息。同时，曹州堆绣将水墨画的渲染、工笔画的线条、版画的浮雕融为一体，使堆绣画更为生动、体感更强，具有强烈的视觉冲击力。在作品纹样的创作上，刘宪堂老师广泛收集日常生活中遇到的精美图画，将其拍摄下来，制作成工作底板，然后将其制作成各类精美的堆绣作品（图4-13~图4-16）。

山东省纺织类经典非物质文化遗产

图 4-13　制作堆绣收集的牡丹图画

图 4-14　临摹的工作台

图 4-15　临摹的花鸟纹样的半成品（一）

图 4-16　临摹的花鸟纹样的半成品（二）

第六节 作品赏析

随着近几年山东省政府对曹州堆绣的扶持及以刘宪堂老师为代表的传承人的努力创作，在曹州堆绣工艺技术研究所及定陶县文化馆和其他展馆留下了数量众多的精美堆绣作品，图 4-17~ 图 4-31 为部分作品展示。

图 4-17 《毛主席去延安》

图 4-18 《厚德载物》

图 4-19 《上善若水》

图 4-20 《有容乃大》

图 4-21 《宁静致远》

图 4-22 《无为而治》

图 4-23 《得失不惊》

图 4-24 《花开富贵》

图 4-25 《国色天香》

图 4-26 《平安富贵》

图 4-27 《凤凰》

图 4-28 《下山虎》

图 4-29 《牧童》

图 4-30 佛教系列（一）

图 4-31 佛教系列（二）

第七节　传承人专访

"曹州堆绣的传承历经多年，工艺发展到现在仍然保持了传统堆绫贴补的规范，保留着绘画、浮雕、抽丝、贴线等多种技法，其作品以其独特的技艺、精细的做工和颇具民族特色的图案而著称。"刘宪堂老师说："我的堆绣手艺是祖上传下来的，到我这辈已是第七代。堆绣技艺曾一度失传，那时候，留下来的作品只有小孩童靴、老虎枕、莲花门帘、牡丹布兜等一些小作品。"刘宪堂老师早年学习堆绣也是做一些小的作品，随着不断地深入钻研，慢慢将作品扩展到花鸟、人物等层面，他的堆绣小幅作品也日趋精致。

以下是笔者对曹州堆绣第七代传承人刘宪堂老师的专访。

一、请您谈谈您从事堆绣技艺的历程。

刘宪堂老师：起初这门手艺做的是虎头靴、虎头帽，现在展现的都是从过去的作品不断延伸过来的。我以前开了个服装加工厂，生产过程中留下很多碎布，一方面丢了也比较可惜，另一方面我也爱做一些手工艺品，本身对堆绣也感兴趣，然后我就把这些碎布收集起来，精选一些好看的，粘粘贴贴开始做这个手艺。

二、请问：您现在的作品销售吗？

刘宪堂老师：现在能熟练制作堆绣的人还不多，做的堆绣也没有实现量产，也没有稳定的订单来源和销售市场。主要靠民间的相互宣传，有的时候有人看中了想要，就会卖一部分，但销售不是主要目的，目前还是把首要工作放在产品制作和传承上，先做好传统手艺和代表作品的保留。

三、请问：政府对您的扶持怎么样？

刘宪堂老师：最近几年政府对非遗的保护工作越来越多，政策、法规也都出台了不少，给我们的传承发展工作提供了不少的支持。2016年国家资助了我10万元作为保护经费。我拿着这笔钱购买原材料和制作的工具，解决了不少棘手的问题。

四、请问：您对这项技艺传承有何打算？

刘宪堂老师：首先，我想让这门手艺走向产业化，这当然也就需要建厂房、招聘工人，需要一定的资金，不是一句话就可以说完的。其次，这个手艺属于堆绣界的一朵奇葩，我想继续把它申请到国家级名录中，希望得到更多的保护和传承。目前国家支持非遗的产业化，当地政府对我的扶持也很大，我申请一块地建造厂房也得到了批准，单论这门手艺走产业化的路子也完全可行，但是主要问题还是缺少资金。

五、请问：现在跟您学做堆绣技艺的人有哪些？

刘宪堂老师：我现在也在山东大学附属中学给高一、高二的孩子们上非遗传承的课，每个月有八节课，教他们制作一些简单的作品，培养他们传承传统技艺的兴趣。现在国家强调非遗进校园，山东就有一所高校建了一个非遗展厅，里面也陈列了我们的作品，还一直邀请我过去当教授，给学生们上课。

六、请您简要介绍一下堆绣制作的过程。

刘宪堂老师：堆绣的制作，第一要学会绘图，就是"画"，先把想做的图案画出来，才能进行下一步；然后是制作底稿，就是"剪"，把画完的图案裁剪下来，分类准备好；最后就是用白乳胶粘成作品，当然这一步要学会就需要一些时间了。至于作品的创意来源，有一部分是我自己构思出来的，也有一部分是从社会上学习和采纳的，遇到好看的作品和图案就拍照留下来，然后回来制作加工。一般来说，一幅1米×2米的牡丹图做出来需要一个多月的时间。

七、请问：曹州堆绣作品与其他类似的作品相比有什么特色？

刘宪堂老师：说起曹州堆绣跟其他类似作品的区别，比如印花布、刺绣等，堆绣最主要的就是作品立体感突出，让观赏者觉得是在看一个立体的作品，而不是其他作品那种平面的、二维的效果。像这种技艺在山东省就此一家，虽然在其他省和地区也有少量的堆绣，但是他们出来的产品效果以及工艺也都跟我们的不一样，我们这个堆绣全都是布料和丝线制作出来的。

八、请问：曹州堆绣在原材料方面有什么讲究？

刘宪堂老师：曹州堆绣大部分作品的面料以丝绸类、人造棉类和棉麻类为主，布料需要特制，成本也比较高。原来这些布料都是自己染色，但是现在作品多了，需要的颜色样式也多，所以现在布料主要都是从外面定制。但是堆绣作品，不是做家居的床单被罩，我们每个颜色要的量也不多，每个颜色一般就要个百十米，但是一般印染厂最低起订量要有500米以上，一两百种颜色的布料，需要耗费大量的成本。在价格上，像一种布料按照100米计算，成本大概是100多块1米，但这一种的成本就得有数千上万元，现在资金来源主要还是我自己的积蓄，经费问题还是一个比较棘手的问题。

九、请您谈谈您对堆绣的展望。

刘宪堂老师：我现在在学校带着孩子们做堆绣，也是想让青年们培养起兴趣，跟我学习的学员还有一部分是三十多岁的，一般每个人每年可以做十来个作品，产量太低，而且价格也比较贵，一般的作品大概售价 500 多元 1 平方尺 ❶，工艺复杂些的达到 1000 多元 1 平方尺。总体来说，现在对传承人的发展和培养还需要加强，作品的制作和产量方面也需要改进，今后的发展还有很长的路要走，所以我希望国家和地方政府能给予更多的支持和保护，使这门宝贵的技艺能更好地传承下去。

第八节　传承现状和对策

一、传承现状

曹州堆绣发展至今，作品的类型和风格都达到了一定的水平，搭配现代的装裱技术，使得每幅作品更加具有装饰性和美观性。目前，位于定陶县的曹州堆绣工艺技术研究所留存了大量的精美作品，配备了专门的工作室和原材料存放地。刘宪堂老师也已从服装厂退休，闲暇时间除了照顾小辈，还致力于堆绣的研究和发展。刘宪堂老师现在也在中学给高中的孩子们教授曹州堆绣技艺手工课培养兴趣，教授了部分学徒，很多制作的作品也存放于文化馆、高校展览室等场所。总体来说，曹州堆绣的保护与发展取得了一定的成效，短期内留住了作品和工艺技法，但长远来看，曹州堆绣今后的发展之路还需解决一些棘手的问题。

二、存在的问题

1. 传承人出现年龄断层

每项非遗的保护工作都会涉及传承人和长久性延续的问题。找到合适的传承人，苦心钻研，有朝一日学成技艺，是每一位老一辈非遗传承人们毕生的愿望。现在年轻人倾慕大城市里更多的就业机会和现代化的生活方式、高收入，纷纷选择到城市就业、生活，愿意学习堆绣技艺的人很少。2017 年初，刘宪堂老师身体不适，在家静养了半年，而这门技艺在他这里也就停滞了半年。虽说有一部分人在跟着他学习堆绣技艺，但真正独立掌握和传承这门手艺的人还很少。另外，在学校教授学生培养兴趣也很难短期内找到合适的人选。这就导致传承人年龄断层的问题凸显出来，也使尽快找到合适的传承人的问题变得尤为重要。

2. 产量偏低、价格偏高

目前，曹州堆绣主要是以刘宪堂老师为首的少数人在制作，这门技艺本身从绘图、裁剪到粘贴比较耗时，大一点的作品制作需要一个月甚至更长，加上从事这门技艺的人并不多，导致堆绣的产量难以提升。现在制作的曹州堆绣产品主要用于展览和

---

❶　1 平方尺 =0.11 平方米。

陈列，只有很少一部分用于销售，但是偏高的价格又给堆绣设立了很高的市场准入门槛，一幅中等大小的堆绣成品价格在 500 多元一平方尺，消费者群体比较小，很难打开市场，进而导致堆绣的进步和发展变得缓慢。

3.市场覆盖面偏小

曹州堆绣作品目前产量有限，很少一部分用于销售，且主要的销售渠道是微信、QQ 等社交媒体，并没有形成一个良好、稳定的市场环境。一幅幅精美的作品，如果想走进更多人的生活中、传播得更远，就应该抓住市场和机遇，扩大销售途径，让越来越多的人见到它、喜欢它，也让越来越多的人对它感兴趣、甚至从事它。对于曹州堆绣这类技艺型的项目，适当的市场拓展对它的发展潜力和发展路径都有良好的促进作用。

三、对策建议

1.加强宣传力度

曹州堆绣作为山东省省级非物质文化遗产，必然有其特有的美丽和地方特色，在对其保护和发展中，应该更多借助媒体和社会公众的宣传作用，让更多的人了解到这项精湛的技艺。虽然 2016 年中央电视台第七套节目《农广天地》对曹州堆绣进行了专访，在全国观众面前展示了曹州堆绣的魅力，为曹州堆绣打出了品牌，起到了一定的宣传作用，但是宣传作用还远远不够，建议地方政府或传承人应以多种形式举办更多的宣传展演，只有知道的人多了，才会带来更多的需求，来倒推堆绣技艺的进步。

2.做精传承人培育工作

传承人的培养最重要的是技艺的传承，这就要求传承人在对学艺人的培养上下更多的工夫，尽量让现有的学艺人能够拥有独立自主从事整套制作工艺的能力，这在传承人面临断层的初期，是降低风险、延缓传承断层问题的有效举措。同时更多的人参与到核心技艺的操作中，也会激发更多的创新和创意，反过来也会推进曹州堆绣走更加多元化的发展道路。

3.加快推进产业化发展

在对传承人刘宪堂老师的采访中，我们了解到，他目前最大的目标就是把曹州堆绣技艺推向产业化，并正在对此采取措施。笔者认为这种想法对于曹州堆绣这门技艺来说，不失为一计良策。考虑到曹州堆绣所需的原材料和工具来源比较方便，技术性的难点比较突出，如果能适当结合现代化机器的生产运作，同样可以达到很好的效果，这样一来，不仅可以进行批量化生产，扩大产量，同时也可以显著降低产品价格，满足更多消费者的需求。但是产业化发展也并非是一味地抛弃传统手工制造，过度的产业化发展也会让非遗的保护工作失真，丧失其传承的价值。由于曹州堆绣技艺的特征突出，坚持以手工为主，再结合适当的产业化对其将来的发展会有很大的益处。

刘宪堂老师为此特地向当地政府申请土地建造厂房，并很快获得了批准，但是目前最大的问题是资金难以筹措。因此，考虑到曹州堆绣未来的发展前景，由当地政府资助或社会公众募集资金的形式来帮助曹州堆绣走产业化的道路会是一个很好的途径。

第五章

乳山镂绣

乳山镂绣是山东省乳山市流传已久的一门刺绣手艺。2013年，乳山镂绣被山东省人民政府批准公布为山东省第三批省级非物质文化遗产扩展项目名录，名录类别为传统技艺，如表5-1所示。当前传承人是张连芝女士，1952年出生，乳山市夏村镇人。张连芝女士自幼跟随其母亲杨文花学习镂绣技艺，熟练掌握了镂绣制作各道程序、方法与技巧。

20世纪70年代，19岁的张连芝女士参加工作，开始正式从事镂绣制作和技术开发工作。2004年，她创办了环宇工艺品有限公司，如图5-1所示。该公司集中了乳山的镂绣生产工人从事镂绣生产，扩大了行业规模，同时开展对镂绣技艺的保护工作。50多年来，张连芝女士对乳山镂绣进行了传承与创新，将乳山镂绣发展壮大，并且不断进行对外贸易，赢得了外国友人的一致好评。

表5-1 乳山镂绣

项目名称	乳山镂绣
项目编号	Ⅷ-24
类别	传统技艺
项目级别	省级
申报地区或单位	乳山市
传承代表人	张连芝

图5-1 环宇工艺品有限公司

第一节 起源与发展

一、起源

镂绣是一种舶来品，跟刺绣相比发展较晚。乳山镂绣，俗称"扎目"，是乳山市民间传统手工艺品之一，归于抽纱手绣产品一类。乳山镂绣产品色调多以原白色为主，图案与针法偏欧式纹样，整体给人以高贵典雅的视觉享受。它凭借着精细做工、质量上乘的特点，被国外顾客赞誉为"花边之冠"和"抽纱灵魂"。

说起乳山镂绣的起源，还与宗教有着密不可分的关系。1894年，外国基督教传入乳山境内。当时，教会在巫山村建立巫山支会，并成立"福音堂"。同年，英国长老会传教士莉莉·马茂兰女士在烟台开设教会学校，一边传教，一边传授抽纱技艺，大批生产镂绣产品，扣眼绣花工艺由此传入了乳山境内。因为乳山地处威海、青岛、烟台三市的中间地带，交通发达，且当时乳山农业发达，人口密集，这就为乳山镂绣的发展提供了充足的劳动力。烟台客商纷纷来乳山境内的冯家、崖子、午极等农村进行散货加工，并将镂绣技艺传授给工人，长达一个多世纪的乳山镂绣加工出口贸易历史由此展开。后来，乳山境内的商人设庄经营，有明记、恒兴泰、德茂兴等 30 余家，主要给烟台外商仁德洋行、美丽洋行及国内友联商行、联谊商行等出口商加工抽纱手绣产品。抗日战争期间，国内形势动荡，抽纱产品因无法出口而渐渐衰落。20世纪 40 年代末，抽纱业再度兴起，生产区域发展到海阳所、冯家、下初、午极、诸往、崖子、马石店等地。

二、发展

乳山镂绣的发展历程如图 5-2 所示。

1956 年，乳山县手工艺品合作社	20 世纪 70 年代，各公社成立艺品厂	20 世纪 80 年代，乳山镂绣获奖无数，远销海外	1991 年，北京博览会上获银奖	1993 年，标准抽丝编花工艺方法成为专利	2004 年，乳山环宇工艺品有限公司成立	2013 年，乳山镂绣被收入省级非物质文化遗产名录

图 5-2　乳山镂绣的发展历程

乳山镂绣将中国的传统文化、地方文化与西方文化相结合，逐渐成为乳山特色传统手工艺品代表之一，成为在国内外市场上有着重大影响的优秀工艺美术产品。

1956 年，乳山县手工艺品合作社成立，加工点遍及全县。20 世纪 70 年代末，各公社开始成立艺品厂，组织各村妇女加工生产棉麻布扣眼绣花产品。1980 年，"乳山"牌棉麻布扣眼绣花大套获山东省优质产品称号，1981 年获部优级称号。产品发展至 6 个品种 1200 多个花样，售往日本、意大利、希腊、瑞士、西德、美国等 60 多个国家和地区，在国际市场上享有"抽纱灵魂"之美称。1985 年出口创汇 344.8 万美元。1986 年后，随着乳山镂绣的国际市场逐渐打开，国外客户增多，外贸订单增加。为了提高产品的生产效率以及保证产品质量，乡间绣工主要负责绣花工序，县艺品厂负责其余工序。1988 年，县艺品厂生产的棉麻布扣眼绣花大套获中国工艺美术百花奖银杯奖。同年，张连芝女士发明的运用线性规划解决绣花工艺排料问题的方法，被威海市经济委员会评为市级管理现代化优秀成果一等奖。

1991 年，由县艺品厂、刺绣厂、草制品厂合并成立的山东乳山工艺品集团工业公司生产的扣眼绣花大套在北京博览会上获银奖。同年，省中级工艺美术师张连芝女士发明了标准抽丝编花工艺方法，并于 1993 年获得了发明专利。1992 年，张连芝女士设计的新产品花型荣获山东省第二轻工业厅颁发的《工业设计》大奖赛二等奖。

2004 年，张连芝女士成立了环宇工艺品有限公司，组织近 200 位 60 岁以上的家庭妇女专门从事镂绣工艺品生产。该单位成为乳山市唯一具备镂绣技艺生产资质的单位。公司出口的产品深受外国客户的喜欢和认可，并远销至意大利、西班牙、比利时等国家。此外，由于技艺精湛，张连芝女士获奖无数，部分奖项见表 5-2。2013 年，乳山镂绣被山东省人民政府批准为山东省第三批省级非物质文化遗产名录。2014 年，张连芝女士被乳山市文化广电新闻出版局评为乳山市十大非遗传承人。

表 5-2　传承人所获部分荣誉奖项一览表

时间	颁奖单位	所获奖项	图片展示
1988 年 10 月	威海市经济委员会	"运用线性规划解决绣花工艺排料问题"被评为市级管理现代化优秀成果一等奖	
1991 年 1 月	中国抽纱品进出口（集团）公司	《山东抽纱精品荟萃》手绣三等奖	
1992 年 3 月	山东省第二轻工业厅	《工业设计》大奖赛二等奖	
1993 年 12 月	山东省第二轻工业厅	山东省优秀工艺美术专业技术人员	
1993 年 12 月	中华人民共和国专利局	发明专利	
2012 年 12 月	威海市文化广电新闻出版局	威海市文化惠民工作先进个人荣誉称号	

时间	颁奖单位	所获奖项	图片展示
2014年9月	乳山市文化广电新闻出版局	乳山市十大非遗传承人	
2016年9月	威海市文化体制改革和发展工作领导小组办公室	威海市特色文化创意产品	
2017年6月	临沂职业学院	临沂市第三届优秀传统文化进校园暨非物质文化遗产博览会上荣获"优秀展演奖"	

第二节　风俗趣事

一、开辟市场，赢得商机

在2011年5月广交会上，虽然有一些外商对镂绣产品产生了浓厚兴趣，但最终因交易价格未达成一致而未能成交。不过2017年的展览会让张连芝女士看到了市场复苏的希望。"镂绣产品市场广阔，但是由于手工制品价格较高，销量一直处于瓶颈状态。目前的重点应放在寻找销售商上，多渠道提高销售量。只有销售渠道多了，我们工人制作的产品才有销路，我们才有发言权，而不是处于被动状态。"张连芝女士分析，目前为乳山镂绣产品提供出口的主要是烟台、青岛等地的外贸公司，销售渠道单一，很多镂绣产品虽然可以卖出去，但是价格过低。价格太低，工人们的工资也会有所下降，最后也会影响到乳山镂绣产品的质量。一方面，镂绣工人的工资跟其他行业相比没有优势，不能有效吸引劳动力。另一方面，低工资直接挫伤了工人的积极性，不利于乳山镂绣的长远发展。要扩大乳山镂绣的市场，必须加速开辟市场，让更多的人认识和喜爱乳山镂绣。2017年，张连芝女士带着她心爱的作品去北京平谷参展，吸引了外国游客来厂参观。许多外国游客夸赞乳山镂绣的精美，并被工人精湛的技艺所折服。

二、领导参观，好评如潮

20世纪80年代，张连芝女士的手工艺产品就已享誉市县，乳山县主要的出口工艺品就是镂绣。当时乳山县举办展览会，致力于让传统手工艺品更好地传承下去。市里领导以及工业集团领导也过来参观，他们都讶异于乳山镂绣的精美雅致、花型独特，纷纷称赞张连芝女士的镂绣产品比电脑上印出来的图案更加别致，极具浮雕气息。

1991年，为了更好地发展乳山镂绣，从业40多年的省中级工艺美术师张连芝女士根据工作中的积累，大胆创新，发明了标准抽丝编花工艺方法，并取得了发明专利。发明专利的成功申请展现了艺人对工艺技术保护的重视，使乳山镂绣的发展多了一层保障。

第三节 制作材料与工具

制作乳山镂绣产品对制作人的知识水平并没有要求，主要讲求熟能生巧，只要了解其中的原理，做起来就比较顺利。其需要的工具和材料比较简单，主要有剪刀、毛刷、木撑、电熨斗等。

一、布料

乳山镂绣所用的布料是全亚麻的，不添加任何色素。亚麻布料制品简单耐用，舒适透气，手感质地俱佳，不易起毛、沾染灰尘，还具有防静电的功效。将其用作床垫，不易起毛，清洗方便，人们睡在床上，皮肤与床垫进行摩擦，可以起到按摩的功效，有宁神安睡的作用；将其用作窗帘，简约大方，赏心悦目；将其用作手帕，美观实用，质地柔软。布料一般呈白色，这是一种对自然的向往，也是对原色的坚持，如图5-3所示。

二、卷尺

卷尺主要是用于测量布料的长宽，根据客户的需求裁剪布料。另外，将量好的布料发放给工人们进行制作，便于计算工资，如图5-4所示。

三、水壶和 84 消毒液

水壶主要的作用是将布料浸湿，使其与垫板充分接触，从而保证刷出来的图案不走样。84 消毒液一方面可以对布料进行消毒，另一方面可以清除面料上的染料，如图 5-5 所示。

图 5-3　亚麻布料

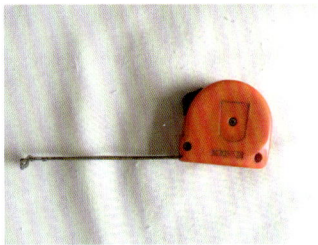

图 5-4　卷尺

图 5-5　水壶和 84 消毒液

四、毛刷和染料

毛刷较宽，毛尖较细，主要是为了将煤油和染料从花稿印刷到面料之上。毛刷较宽，可以大大节省印刷所花费的时间。毛尖较细且刷毛浓密可以让染料更好、更均匀地印到面料之上，既方便了后面的工序，也提高了产品的合格率，如图 5-6 所示。

图 5-6　毛刷

五、剪刀

剪刀是制作乳山镂绣的重要工具之一，功能是抽丝。剪刀有多种，但是进行抽丝所用的剪刀具有严格的要求，要求剪刀口较窄，如图 5-7 和图 5-8 所示。这主要是因为抽丝原则是抽三根、留三根，剪刀口过宽，不便于抽出准确数量的经、纬丝。

图 5-7　剪刀（一）

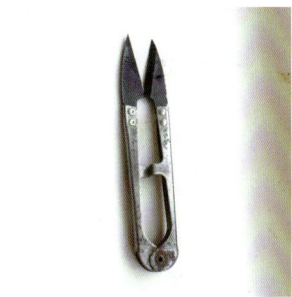

图 5-8　剪刀（二）

六、木撑

木撑的主要作用是为了固定印好的面料，以方便抽丝工序的进行。一般制作手帕时常用木撑，如图 5-9 所示。

图 5-9　木撑

七、电熨斗

电熨斗的作用主要是将挂浆后的面料进行烫熨平整，使镂绣栩栩如生，如图5-10所示。

图5-10　电熨斗

第四节　制作工艺和技法

乳山镂绣的工艺流程主要分为七个步骤：刷花、抽丝、勒网、淘边、刻边、漂洗、上浆和烫熨。除了抽丝、勒网这两道工序交由工人完成之外，其余工序都由张连芝女士自己完成。张连芝女士从事乳山镂绣制作50多年，具有丰富的经验和独到的见解，同时她善于发现商机，推动着乳山镂绣不断走出国门。

一、刷花

刷花是将染料刷在面料上，目的是保证制作出来的纹样合格。刷花主要有三道工序：

第一步，制作染料。将工业蜡加热熔化，并将蓝色粉末染料投入其中进行搅拌，待其冷却之后便形成蓝色固体染料。

第二步，设计人员创作出花稿之后，以玻璃纸覆盖在花稿之上，用刺样针在玻璃纸上刺出相应花样，再将刺好的花稿平铺于案板面料之上。

第三步，用麻质毛刷蘸取煤油，在染料块上摩擦以蘸取染料，然后用毛刷在玻璃纸花稿上反复擦拭，使花样能够透过玻璃纸印在面料之上，图5-11所示的是印刷好的纹样。

图5-11　印好的纹样

二、抽丝

抽丝是将印好的面料用木撑展开固定，按照花稿纹样用剪刀抽去相应的经、纬丝，形成有规律的网状组织，目的是在面料上呈现出规则的图案，制作流程主要是，按照面料上的图案对经纬线进行整理，按照抽三根、留三根的原则对线进行处理。

三、勒网

勒网是将抽丝后的经纬线进行缠绑，目的主要是将面料上剩下的经纬线进行固定和美化，形成固定的图案。具体流程如下：

第一步，用针线将网眼缠勒成方目，并对经纬线整理固定。

第二步，有意识地将方目进行排列，通过方目的排列，构成预先设计的图案。

四、掏边

掏边是将面料的边缘进行整理，主要目的是使图案牢固。如图 5-12 所示。具体流程是，沿勒网的图案边缘，用针线连缀其边缘的三根纬线，使图案边缘整齐、牢固，不留线头。

图 5-12 勒网和掏边后的布料

五、刻边

刻边是去掉多余布料，主要目的是使面料边缘规整，从而使整套产品形成完整、清晰的图案。具体流程如下：

第一步，将面料平铺到桌面上，确保面料完整展开。

第二步，用剪刀对准掏边边缘将外围少量的多余布料剪去，剪布料时要注意不能剪到掏边区域，剪的过程中还要注意力度适中，以避免剪坏图案。

第三步，面料减去之后还需对边缘再次进行完善，对于未完全修剪好的部分，需要再次对其进行修剪。

六、漂洗

漂洗是将面料放在清水中洗净，目的是除去面料上的染料，使面料回归原色。具体流程如下：

第一步，用 0.7% 的草酸溶液或者稀释过的 84 消毒液浸泡手工完成的产品 8~10 小时，去除产品表面残留的染料。

第二步，将浸泡过的面料捞出控干，以使面料锁住原色。

第三步，将面料置于肥皂水中洗净。

第四步，将肥皂水洗净后的面料悬挂晾干，图 5-13 为已洗干净的布料。

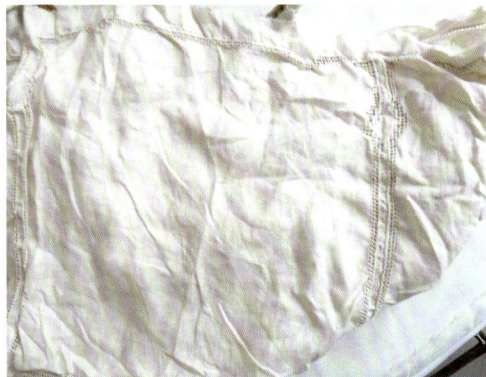

图 5-13 漂洗过后的布料

七、上浆和烫熨

上浆是把洗净晾干的面料放在淀粉溶液中，目的是撑起面料，使面料不容易软塌，同时使面料比较平整。

烫熨是用电熨斗将面料熨平，目的是使产品更加规整，图案更加精致、典雅。具体流程如下：

第一步，用淀粉以 5：100 比例加水，调成淀粉溶液。

第二步，将洗净的产品浸入其中，加以搅拌，使产品充分挂浆后将其捞出晾干。

第三步，将晾干后的面料平整地放在工作台上，用电熨斗将产品烫熨平整。

第五节　工艺特征与纹样

乳山镂绣的不断传承和发展，得益于广大农村妇女的辛勤劳动。乳山镂绣的制作方法主要是借助抽丝手段形成方目，再利用方目来衬托明布上相应的图案。乳山镂绣图案简洁大方，在原白色布料的衬托之下显得高贵典雅。另外，抽丝编花工艺的应用使镂绣更丰满、立体，令花中有花，相映成趣，呈现出明暗相间、层次分明、造型丰满的浮雕艺术效果。

一、中西文化结合，妙不可言

乳山镂绣最早是由西方人带到中国的。因为当时中国广大农村的劳动力多且价格低廉，所以外国人便将中国作为其加工厂，将做好的产品销往国外。正是由于主要是销往国外，产品的设计必须要迎合西方人的审美，这就不可避免地使乳山镂绣带有西方的色彩。后来乳山镂绣在中国不断发展壮大，从事镂绣产品的工人也越来越多，因此乳山镂绣日趋本土化。在制作镂绣的过程中，设计花稿是最重要的环节之一。通常花稿是张连芝女士自己设计，有时外国顾客自己也会提供。张连芝女士自己设计花稿，一般要查看大量的图片和书籍，在传统设计的基础上不断创新，同时也会看看电视，寻找设计的灵感。由于外国顾客比较崇尚宗教，张连芝女士也会设计一些具有宗教色彩的花稿，让顾客自行选择。

因此，乳山镂绣既有着东方女性织就的优雅和精细，又有着西方独有的文化色彩，两者相互融合，相互辉映，共同谱写了乳山妇女的勤劳篇章。

二、锐意进取，大胆创新

为了更好地保护和发展乳山镂绣，提高工人的工作效率，生产出更多高质量的镂绣产品，张连芝女士在平时空余时间积极探索制作乳山镂绣的图案，致力于为工人带来更多的财富。1991年，张连芝女士凭借多年制作乳山镂绣的经验与工人们的大胆创新，终于发明了一种标准抽丝编花工艺方法，并将其申报为发明专利，得到了国家专利局的认可。专利的成功申请，为乳山镂绣的更好发展创造了有序的环境。标准抽丝编花工艺方法是将妇女们多年来制作乳山镂绣的经验科学化和系统化的一种方法，能在高效率的基础上将图案制作得更加清晰、美观以及富有立体感。现在张连芝女士经营的公司——环宇工艺品有限公司远近驰名、好评如潮，这主要是因为公司生产的镂绣产品质量上乘，很多顾客都会慕名而来，与其签订订单。

三、浮雕气息浓厚，栩栩如生

乳山镂绣的特色在于它对面料的经纬线进行改造，使图案充满浮雕气息，去除了原来布料的呆板和索然无味。面料上凹凸不平的触感会让人感觉产品富有质感，认同其是一件艺术品，这是其他纺织制品所无法企及的。

用乳山镂绣产品来装饰家居，会给人一种美的享受。每一个纹样都是栩栩如生，凝结着工人的心血。镂绣中的花花草草来源于现实又超于现实，里面的每一幅图案都是乳山人民智慧的结晶，同时也承载着当地人对美好生活的期盼和对美好事物的向往。

097

第六节　作品赏析

目前，乳山镂绣技艺传承人只有张连芝女士，其开设的工厂——环宇工艺品有限公司是唯一一家从事乳山镂绣工艺制造的工厂。由于张连芝女士制作的产品大多销往国外，且产品过大，收拾整理较为不便。为了更好地展示乳山镂绣的精致以及减轻传承人的负担，笔者借助以小见大的方式，对产品进行拍摄。

一、床垫与枕巾

床垫与枕巾直接影响人们的睡眠质量，因而外国人很重视其原材料。乳山镂绣产品之所以备受外国消费者的喜爱，不仅因为其精美的纹样，还因为其原材料是百分百纯亚麻布。夏天睡着凉爽，冬天不易起静电，而且对人体有健康功效，这些特性是其他布料无法企及的，如图5-14所示。

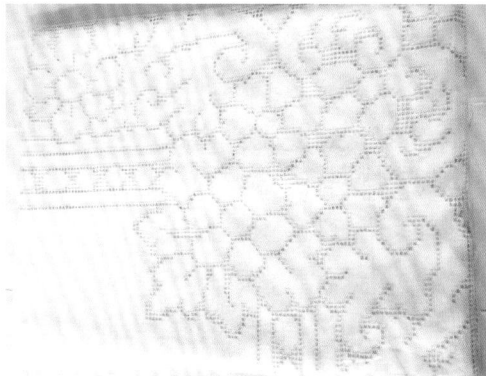

图5-14　床垫纹样

图 5-15 张连芝女士展示床垫

　　图 5-15 是张连芝女士展示床垫。图 5-16 是镂绣产品的局部细节图，可以看出乳山镂绣设计精美，中间是含苞待放的牡丹花，四周叶子围绕。乳山镂绣产品不仅仅只是镂空图案，还新增加了刺绣，样式多样。据张连芝女士介绍，她和工人们在制作的过程中一直坚持创新，添加刺绣元素，使乳山镂绣更加精美、更具有生机和活力。

　　床垫和枕巾可以成套定制，如图 5-17 所示。镂绣产品枕巾可以直接与人的头部相接触，起按摩作用，可以提高睡眠质量，有益于身体健康。

图 5-16 床垫细节图

图 5-17 床垫和枕巾

二、窗帘

　　窗帘也是乳山镂绣的主要产品之一，其纹样多变，如图 5-18 和图 5-19 所示。　就实用性而言，由于亚麻布是由麻类植物制成的产品，经久耐用，非常环保；就效果而言，亚麻布料透气性好，不仅能使室内空气畅通，而且还能吸收室内湿气；就装饰来看，乳山镂绣美观大气，使整个房间显得精致，可展现主人的优雅品位。

　　图 5-20~ 图 5-22 展示的是镂空窗帘的细节图。窗帘的纹样多半以花草为主。古往今来，花草纹样总是人们喜欢的图案，不会过时。虽然简单，但是层层叠叠的花与叶的组合展现出简单而又独特的韵味。市场上的窗帘颜色多样，虽然比较吸引人，但是与镂绣窗帘相比却有些花哨，镂绣与刺绣的相互辉映，在纯白的亚麻布上大放异彩，使房间更加高雅、明亮。

图 5-18　镂空窗帘

图 5-19　刺绣窗帘

图 5-20　镂空窗帘细节图（一）

图 5-21　镂空窗帘细节图（二）

图 5-22　镂空窗帘细节图（三）

三、桌布

镂绣桌布抗腐耐热、平直光洁、光泽柔和、纤维柔软、波浪循环的几大特点符合现代人的餐桌需求。和其他镂绣产品不同的是，镂绣桌布镂空的部分比较多，这样可以使图案更加突出，而且还能减少污染面。在镂空图案的映衬之下，实体图案显得更加明晰，简约大方，如图 5-23 和图 5-24 所示。

图 5-23　桌布（一）

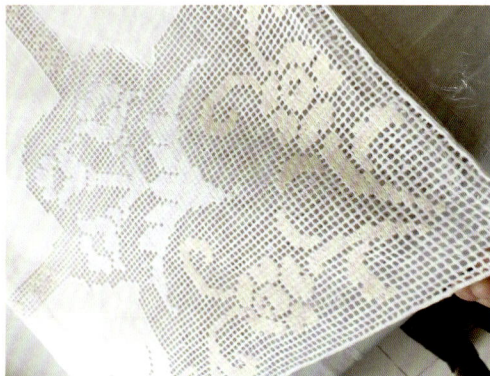

图 5-24　桌布（二）

图 5-25 是未熨平的桌布，镂空的部分还附着一些彩色的线，形成彩色纹样，改变了传统镂空的样式，增加了补线的工序，使图案更加富有层次感。一般补线采用黄颜色的丝线，避免了同一色系所带来的枯燥与单调。

图 5-25　未熨平的桌布

四、手帕

图 5-26 展示的是四叶草手帕，中间是一个完整的小正方形，其边缘是四叶草纹样和一些几何纹样，手帕的最外部分就是镂空的正方形的几何图案，布料上的镂空部分较多。手帕上图案层次分明，借助不同的几何图案，营造出了对称美和几何美。四叶草寓意幸福，是吉祥的图案，表达了乳山人民的美好祝愿。

图 5-27 所展示的手帕与图 5-26 的手帕截然不同，手帕重点突出简洁、大气，镂空的部分仅仅只是边缘，而且边缘镂绣面积较小。边缘比较醒目的只有一朵花，其余的则是小镂空图样。

图 5-26　四叶草手帕

图 5-27　手帕

五、装饰品

乳山镂绣产品不仅具有实用性，还具有装饰性，可以作为挂画挂于客厅，如图5-28所示。现在装点客厅的产品一般是十字绣、水墨画、牌匾以及书法等。将镂绣产品挂于客厅倒显得别具一格。而且亚麻布料具有透气、抗菌的功能，吸湿性好，能吸收相当于自身重量20倍的水分，因而还有防止墙面因吸水而发霉的作用。

图5-28　小天使挂画

第七节　传承人专访

张连芝女士奉行"金杯银杯不如客户口碑"的原则，不让顾客花一分冤枉钱。她对自己和工人一视同仁，时刻将产品质量放在第一位。尽管张连芝女士对镂绣十分精通，但是她不愿意让镂绣这门技艺只在自己家传承。相反，她认为乳山镂绣作为中华文化的宝贵财富，不应该湮没在历史的风尘中。作为非物质文化遗产传承人，她有责任和义务去推动乳山镂绣的传承和发展。为了培育好企业形象以及树立更好的中国形象，张连芝女士教工人镂绣的时候，一直力求完美，时刻强调慢工出细活，只有在充分掌握这门技艺能保证产品质量的时候才可以追求效率。另外，她还经常去乡间检查工人的工作情况，及时解决问题。正是在她的带领之下，工人们制作的乳山镂绣越来越好，制作的效率逐渐提高，乳山镂绣产品也深受外国客户的喜爱。笔者怀着敬意对张连芝女士进行了如下专访。

一、请问：您是从什么时候对镂绣感兴趣的？

张连芝女士：我从小就喜欢这个。小时候看到家里大人们都在弄这个，我6、7

岁的时候就开始试着弄针眼玩。我妈妈看到了笑着说，你这小孩怎么在弄针眼啊，会弄吗？我就兴冲冲地给妈妈看我弄的针眼，一直说会弄、会弄。妈妈看到我对镂绣非常有兴趣，所以每次都让我跟着学。渐渐地，我就学会了扎针眼，后来又学会了抽丝、勒网。等到我抽丝、勒网掌握熟练时，妈妈又教了我掏边、刻边、漂洗等工序，于是我就完全掌握了制作乳山镂绣的一整套工序。其实和抽丝、勒网相比，扎针眼并不难，但这是基本功，需要耐心和细心。有时候人一急起来，针眼扎得不整齐，影响后面的工序。现在针眼一般是我先扎好，然后再让工人们抽丝和勒网，这两道工序耗费的工时较多，是乳山镂绣产品的关键环节。他们完成之后会送到工厂，我再组织专门人员进行后续的流程。每完成一件镂绣产品，我都非常的自豪和开心，觉得实现了自己的价值。我是注定要和镂绣打一辈子交道的，它养活了我们家，也养活了广大的工人。我热爱乳山镂绣，所以即使贴钱我也一直致力于镂绣产品的发展，不希望它被历史所淘汰。

二、请问：您觉得乳山镂绣工艺流程中哪一步是最难也是最重要的？

张连芝女士：其实每一步都很重要，马虎不得。镂绣的工艺要求非常高，每个环节都要求制作者具有充足的耐心和细心。不过非要说最难的一步，我觉得当属抽丝。我是在十几岁之后学习抽丝的，这一步要求眼睛好使，抽三根、留三根，不能多也不能少，必须得按照这个来制作。而且抽丝中所用的剪刀刀口较细，就是为了避免多带出丝线，影响镂绣产品的质量。抽丝恰到好处，勒网出错的概率就会大大减少。勒网是用针线将网眼缠勒成方目，使经纬线固定，整体看起来美观。掏边、刻边、漂洗等工序也比较重要，虽然它们的技术含量比较低，做起来也比较简单，但是也不能马虎。只有每个环节都倾注十足的心血，做出来的成品样式才会漂亮，跟印上去的一样，顾客才会满意。

三、请问：工人是在您工厂里干活还是在家里做好了卖给您？

张连芝女士：工人一般在家里做，一来镂绣产品制作在时间上具有灵活性，有时间就可以多做些，没时间就少做些。制作镂绣产品的大多是50岁以上的人，他们还要在家干农活、带小孩，在家制作镂绣不会影响他们的日常活动，而且还可以给他们带来额外的收益。二来镂绣产品行业是一个劳动密集型行业，制作镂绣产品的人数有时会高达几万人。我虽然办了公司，但是工厂也容不下这么多人。与其花钱办大工厂，还不如把钱省下来给工人发工资，把钱用在刀刃上，这样工人的生产积极性提高了，镂绣产品的产量和销售量也增加了，一举多得。

一般是我先制花稿，客户对花稿满意了之后就会向我咨询价格，我们会一起协商，达成一致意见。参加展览会时，我也会将成品向客户展览，客户满意就会找我谈合同。我在客户那边拿回订单之后，就会在面料上刷花，刷花之后再去乡间通知工人制作，基本上每家每户都会做这个。做好之后，我就会去乡间收上来，开始下一个环节。工人只了解抽纱、勒网，其余的流程比如漂洗、上浆、烫熨等，他们就不太了解，这些都需要专业设备，所以只能由我来负责后面的工序，主要在工厂里进行。

四、请问：您是怎么想到让工人自己在家做，然后自己上门去收的？

张连芝女士：我之前也是想让工人在厂里做，但是当时我的资金有限，没有能力盖一个大工厂。如果让农民来我工厂干活，需要搭车，路上耗费的时间也比较多，来回也不方便，而且她们在家还要照顾小孩子、老人。所以我就想让工人在自己家里做，多做多得，少做少得，他们也喜欢这种工作形式。做这个的有的还是七八十岁的老人，他们干不了农活，又不能上山，但是可以弄弄抽丝和勒网以补贴家用。做这个风不吹、日不晒，谁都能干。

五、请问：现在做这个工作的人多吗？

张连芝女士：和以前相比少了许多，主要是因为在工资上镂绣产品不具有竞争优势。虽说工作时间自由，许多在家里带孩子的妈妈或者奶奶都可以趁着农闲时自己接这个活，补贴家用。但是，随着时代的发展，劳动力价格上涨，别人也瞧不上镂绣的工资了。以前工人做镂绣产品的话，一天10块钱，放在当时还属于工资比较高的，可现在就没有人干了。因为即使上山去砍竹子一天都能挣五六十元，出去打工更不用说了，一天起码100多块钱。这些年，我一直在乡村奔波，极力挽留那些不做的工人，他们不是因为不喜欢镂绣，而是因为生活所迫啊。为了挽留工人，我也提高了工资，总不能让工人跟着我吃亏吧。这些年他们一直跟着我干就是对我的一种信任，我不能辜负他们。从2008年开始，我就一直维持着这个手艺。其实我做镂绣产品基本上就没挣钱，外国客户把镂绣产品的价格压得很低，可工人的工资却在上涨。我是在贴钱发工资，为的就是将乳山镂绣更好地传承下去，如果再不坚持传承下去，这门手艺肯定就要失传了，这对国家、对民族来说是多大的损失啊。

六、请问：您用的设计图一般是客户提供还是您亲自设计呢？

张连芝女士：一般是我自己设计，我会根据客户的需要来设计图纸。有的客户之前并不了解镂绣产品，大多数人是在参加展览会的时候，对镂绣产品产生兴趣，然后就会和我谈合同。比如客户想要窗帘，我就会设计的比较简约；如果是想当装饰，需要装裱，我就会设计得比较精美。当然，时间长了，一些老客户就会有些新想法，他们想让镂绣产品看起来更加符合西方文化，因此也会提供图纸，比如欧洲教堂画之类的。他们给我什么样式的，我就能做出来什么样的，制作出来的产品非常符合他们的期望。这主要是因为我有多年的经验，按照客户给的图纸，在此基础上设计新的纹样，在花稿上扎相应的针眼，然后再进行刷花，刷好之后送到工人的手中。正是由于我认真负责，很多外国客户都愿意与我合作。这样一来，工厂的名气也自然而然就大了起来，销量也会增加，工人们赚的也就多了。

七、请问：您工厂生产的商品主要用于出口吗？

张连芝女士：是的。乳山镂绣的起源就是外国人在烟台开设教会学校，一边传教，一边传授抽纱技艺，生产镂绣绣花产品。镂绣商品也一直是对外出口，外国顾客一般将它用作餐桌布、被单套、床盖以及窗帘等。我们工厂生产的镂绣产品质量上乘，图案精美，简约美观，所以销量一直不错，在国外好评不断。镂绣产品主要原料是亚麻布，非常舒服，不起静电，并且对人的身体健康有一定的好处。再加上我厂里的产品都不添加染色剂，追求原生态，外国人特别喜欢。虽然国内也有些顾客，但是由于产品成本问题，价格还是属于比较高的，因此国内的消费群体比较小。

八、请问：现在您的家人还有学这门手艺的吗？

张连芝女士：现在我妹妹还在学这门手艺，我母亲当时教了我们俩制作镂绣产品。到了下一代，学的人就越来越少。我的孩子们都出去上班不做这门手艺。现在环宇工艺品有限公司就是我自己创立的，就是希望能将乳山镂绣产品产业化，形成自己的品牌。令我欣慰的是，虽然我的孩子对制作镂绣产品不感兴趣，但是他却乐意开辟镂绣产品的市场。由于我的孩子在大学是学国际贸易专业的，他对产品出口的相关流程比较熟悉，现在许多客户都是他联系的。在20世纪80年代，乡间做这个的有好几万人，几乎每家每户都在做这个，都指望着这个养家糊口，我们厂那时候的产值都达到了几千万美元。但是，现在就没有那么多人了，也就是两千多人。我现在基本上每个村去半个月，从抽丝教起，教会了一个村之后，就去另一个村，基本上一年到头都在外面，在家的时间真的不多。虽然常年奔波在外，但是我感觉很充实，我觉得这么多人做镂绣产品，就说明镂绣的群众基础较深，它具有强大的生命力。如果广大村民都能成为镂绣的传播者和传承者，镂绣产业的复兴也是非常有可能的。

九、请问：对于新样式，您是怎么传授给别人的？

张连芝女士：样式一般是我自己设计的。如果客户满意的话，我就开始在花稿上扎针眼。新东西出来之后，工人们都不会，需要我去教，大家一起看和学。我经常去乡间，一是教他们做东西，二是看他们做的东西对不对。如果不对的话就要及时纠正，否则不合格的话就等于白做了。不能直接把东西给工人就当甩手掌柜，这不仅是对工人的不负责，也是对顾客的不负责。

十、请问：您对非遗传承有什么建议吗？

张连芝女士：国家出台的非遗保护政策我非常满意，体现了国家对传统技艺的重视，这让我们这些传承人看到了希望的曙光，就相当于给我们吃了一颗定心丸。不过，有些地方我个人觉得还可以改进一下：第一，证书的存放。很多证书没有放在传承人自己手中，而是放在文化局和文化厅。我的很多证书都放在文化厅，我明白文化厅需要这些来留存，来做宣传，但是可以给我副本。顾客来我厂参观、谈生意，没有证书，说服力就大大降低了。第二，补助。现在劳动力价格上升，工作的成本增加了，可是产品卖出的价格并没有多大提高，很多时候都入不敷出。我现在是贴钱生产镂绣产品，但是我个人的能力也是有限的。长此以往，制作镂绣产品的人会越来越少。虽然国家给了补助，但是杯水车薪，解决不了实质问题，无法为镂绣提供坚实的物质基础。第三，外出展览的餐旅费。我去国外参展或者去其他省份开会，都是自费，无处报销。长此以往，难以支撑，也就不愿意再去参展，这对非物质文化遗产的传承是非常不利的。

第八节　传承现状和对策

一、传承现状

乳山镂绣产品目前只有张连芝女士一家公司生产，而张连芝女士家中只有妹妹与其一起传承镂绣技艺。近几年来，制作镂绣产品的工人越来越少，且老龄化严重，使得乳山镂绣的发展缺乏动力。再加上制作镂绣的工人知识水平有限，导致镂绣自主创新能力不足，使得乳山镂绣的发展举步维艰。尽管政府对乳山镂绣给予了高度的肯定，但是保护力度还显不够。

1. 劳动力成本上升，机械化生产冲击市场

随着时代的发展和社会的不断进步，从事镂绣生产的乡间劳动力成本加大，导致工厂面临较大的经济压力。再加上市场上机械化生产已经极为普遍，其凭借制作成本低廉，价格适中，逐渐成为不少消费者的首选，因而对手工制品行业冲击较大，挤占了传统手工制品行业的市场。国内外市场不景气，又会挫伤工人的积极性，越来越多的人倾向于从事收入较高的行业，从而使镂绣生产技艺面临消亡的危险。

2. 热爱乳山镂绣的人群较少，传承困难

制作乳山镂绣的工人一般是村民，大多是50岁以上的妇女。年轻人一般不愿意静下心来从事这项工作。一方面，因为社会环境的影响，即当前快节奏的生活使得年轻人更倾向于快餐文化，而不愿意放下手中的手机静下心花几个钟头来抽丝、勒网，对枯燥工作的无感导致他们对镂绣的传承意义知之甚少；另一方面，镂绣是一门技术

活,光花时间还是远远不够的,还要用心做,产品合格才会有工资,且工资与其他行业相比没有丝毫优势。因此,年轻人便不愿意从事这项费时还可能不讨好的工作,这就给镂绣技艺的传承带来了困难。

3. 规模经营尚未形成,生产经营方式有待完善

目前乳山镂绣的生产依然是采用最传统的方式进行,生产规模小。乳山镂绣的制作一般是以家庭为单位,各自为政,传承人每隔一段时间就要去乡间逗留半个月,教工人们制作新花样。新花样大多都是传承人自己设计的,使得镂绣行业的发展进程缓慢,自主创新能力不够。另外,小集体生产使制作效率低下,每个人负责一件产品的不同部分,工人根据自己的闲暇时间自行制作。由于时间和工作效率不一致,不同工人完成进度也不相同,这就导致了产品的不同部分进度也不一致,最终影响整件产品的生产与出售,限制了镂绣产品的发展潜力。再有,乳山镂绣市场不稳定,未形成规模效应。张连芝女士主要是借助展览会的形式招揽外国客户,先有订单后制作,这就会出现一定的时差,如果客户要现货,工厂可能无法及时提供,从而会损失一些客户。

二、传承对策

虽然乳山镂绣在传承中遇到许多困难,但是发展的前景是光明的。只要正视传承中遇到的种种困难,各部门相互配合,积极寻求解决对策,就能有效地为乳山镂绣的发展扫清障碍,实现传承的目的,让子孙后代都能观赏到精致美观且实用的乳山镂绣,让乳山镂绣在中华文化的大宝库中熠熠生辉。

1. 政府积极引导,市场划分清晰

劳动力成本的上升是市场因素影响的必然结果,要想实现乳山镂绣的传承与发展,政府应该对从事这个行业的工人进行适度补贴,让工人们明白自己做的事很有意义,明白自己的价值。另外,政府应该严格区分手工艺品市场与机械化产品市场,使市场合理有序地运行。众所周知,手工艺品市场里的商品凝结着工人的辛勤劳动,是机器生产所无法媲美的。一旦手工艺品市场与机械化产品市场相互融通,那么就会出现"劣币驱逐良币"的现象。不同的市场有不同的消费群体,不同类型的商品也应该进行不同的市场定位。追求高档生活质量的人可以购买手工艺品;而对产品质量要求不高且购买能力有限的顾客可以购买机械化生产的商品。只有这样,各取所需,乳山镂绣才不会被其他产品所代替,整个市场才能更加繁荣。

2. 高校或文化厅组织学习,创新乳山镂绣

高校应该鼓励大学生对乳山镂绣进行学习和调研,在充分了解的基础上进行创作。一是由学校或者文化厅牵头,带领学习者观察传承人制作镂绣的过程,并定期邀请传承人进行公开讲解,解答学生的疑问。二是学校开设相关的选修课,由传承人进行远程指导,制作网络课程,利用新的技术手段对乳山镂绣进行推广。三是乳山镂绣

相关企业还应着力打造品牌，树立良好的企业文化。四是文化厅开展镂绣的技艺培训班，保护镂绣的发展与传承。

3. 发挥比较优势，扩大经济效益

文化厅或者传承人可以不定期举行抽丝、勒网的相关比赛，发挥工人的比较优势，并对其进行针对性地训练，提升其生产效率。并对年工作量最大的工人进行奖励，激励其他工人积极工作，从而有利于工厂产品生产量的增加。虽然举办活动会消耗一些时间和金钱，但是其结果将有益于乳山镂绣产量的增长，符合公司的长远利益。利用比较优势，工人们就可以明确自己的定位，扬长避短，从而提高乳山镂绣产品的产量与质量。另外，传承人每个月可以在村子当中开一次集体会，大家相互讨论工作中遇到的问题和遇到的好方法，相互取长补短，为工厂更好的发展出谋划策，同时促进乳山镂绣技艺的传承与创新。

第六章

枣庄民间缝绣技艺

枣庄民间缝绣技艺是中国民间手工艺中的一朵瑰丽的奇葩。它是以纯棉布、绸、缎等为主要原料，以枣庄民间百姓对美好生活的向往等内容为题材，以变形、夸张的手法，以传统文化与现代艺术相结合的精美图案，通过纯手工的传统技法缝绣而成。2009年9月，枣庄民间缝绣技艺被列为山东省第二批省级非

图6-1　省级非物质文化遗产牌匾

物质文化遗产名录（图6-1），名录类别为传统技艺，第三代传承人是尹丽、尹萍、陈秀兰（表6-1）。枣庄民间缝绣的作品淳朴大方、风格独特、色泽艳丽却不失高雅，制作简单又紧跟时尚，体现出了枣庄地区特有的清新朴素的民俗风情。

表6-1　枣庄民间缝绣技艺

名录名称	枣庄民间缝绣技艺
编号	Ⅷ-26
名录类别	传统技艺
名录级别	省级
申报地区或单位	枣庄市薛城区
代表性传承人	尹丽、尹萍、陈秀兰

第一节　起源与发展

一、起源

枣庄市是一个有着深厚文化底蕴的城市，枣庄民间缝绣也有着较长的发展历史。关于民间缝绣的制作渊源现已无法考证，它是通过老一辈的劳动妇女一代代不断传承下来的。枣庄民间缝绣多以象征、寓意表现主题，其造型具有浓郁的民俗风情和鲜明的地方特色。色彩多以红黄绿三色为主，色彩对比强烈，使得整件作品栩栩如生。其作品造型多样，风格多变，呈现出清新朴拙的民俗风情。

枣庄民间缝绣技艺在传承发展过程中，始终保留着该技艺的精华部分，它是研究枣庄民间纺织、服饰、玩具等方面的活化石，对研究当地的历史、民俗、民风也有着一定的借鉴作用。在枣庄地区，至今仍有许多人的家里还摆放着一些缝绣布艺品。目前，枣庄民间布艺缝绣已由最初的纯实用性向观赏性过渡，以前制作的大多为衣服、

鞋子（图 6-2）等，现在制作的多为外形精致的布老虎和布艺挂件（图 6-3）。

枣庄民间缝绣技艺的第二代传承人单卓华女士生于 1926 年，她从小跟着母亲学习缝绣技艺，并进一步传承了老一辈的技艺手法。随着时代不断变化，她从生活中得到了很多启发，不断地加入新的创新元素，加之制作材料的日趋丰富，慢慢地她又创作出了很多新的作品。

图 6-2　枣庄民间缝绣技艺作品之虎头鞋

图 6-3　枣庄民间缝绣技艺作品之布老虎与《喜香鱼》系列作品

如今，老人虽已离世，但她的女儿尹丽、尹萍，儿媳陈秀兰已经从她手中接过将这门传统艺术传承下去的重任，成为了枣庄民间缝绣技艺的第三代传承人，如图 6-4 所示。

尹丽女士从小就看母亲做各种缝绣布艺。因为家里孩子较多，每到年底她的母亲单卓华女士都会给每个孩子做虎头鞋、虎头帽，有时还会给孩子们做一些布老虎。由于小时候的耳濡目染，从那时起，她就对缝绣这门手艺有了好感。工作以后，尹丽女士经常在闲暇之余出

图 6-4　枣庄民间缝绣技艺第三代传承人尹丽

去旅游，经常买一些小老虎、小金鱼等布艺制品。她觉得买来的布艺制品摸着总是很硬，一些布老虎的眼睛、鼻子也都是贴上去的，不如自己母亲一针一线缝制出来的柔软。后来，她在母亲的熏陶下也开始学做布艺缝绣。退休以后，由于母亲年岁已高，身体不好，经常住院，她和姐姐、嫂子就经常做一些小饰品和香荷包等缝绣制品给母亲看，母亲也经常给她们指导，久而久之对缝绣技艺也更加热爱。她们做的缝绣作品因为做工精致，深受临床病人和医院护士的喜爱。

二、发展

几十年来，从喜欢到学习再到创新，尹丽女士用自己的双手默默地传承着这项传统技艺。在丰富的艺术创作实践过程中，她大胆尝试，对传统布艺不断进行改良，并根据自己的想象创作出了一款名为《喜香鱼》的作品，开辟出了枣庄缝绣技艺创作的新视角，使得枣庄缝绣技艺从单纯的实用性向观赏性过渡。在她的推广下，这项濒临失传的技艺绽放了新的生命，也为我国非物质文化遗产增添了一道亮丽的风景线。

2006年，尹丽女士和姐姐尹萍、嫂子陈秀兰一起受邀参加了山东省首届非物质文化遗产项目成果展。在展览中，她们的作品获得山东省民族民间传统艺术优秀大奖，并受到了上海香包大王的关注。枣庄缝绣技艺首次打响名号，极大地鼓舞了她们的创作热情，这也坚定了尹丽女士要把这项技艺发扬光大的决心。

2007年，在山东省非物质文化遗产展中，她们的作品荣获山东省非物质文化遗产精品奖，其作品被山东省非物质文化遗产陈列室点名收藏。2009年，枣庄民间缝绣技艺被列入山东省第二批省级非物质文化遗产名录。在2010年的首届中国非物质文化遗产博览会（图6-5）和2012年的第二届中国非物质文化遗产博览会中（图6-6），尹丽女士的作品广受参会游客的追捧。

除了参加展览，尹丽女士还经常利用闲暇时间给他人免费教学，进一步推广枣庄民间缝绣，每年都有大量的学生和当地妇女来到尹丽女士家中学习缝绣技艺。

图6-5　尹丽参加首届中国非物质文化遗产博览会

图6-6　第二届中国非遗博览会枣庄民间缝绣展位

三、所获荣誉

经过不断地改良和发展，枣庄民间缝绣技艺的作品已有 20 余个花样色彩，自 2006 年以来，其作品已获得了许多荣誉，部分荣誉展示在表 6-2 中。

表 6-2　枣庄缝绣技艺第二代传承人及第三代传承人所获部分荣誉一览表

时间	颁奖单位	奖项名称	图片展示
2007 年 3 月	中共山东省委宣传部、山东省文化厅	作品《喜香鱼》在首届山东省农村文化艺术节——山东省民间书画、工艺美术作品展中获优秀奖	
2007 年 6 月	山东省非物质文化遗产保护中心	《红花布大喜香鱼苗》等 14 件作品入选"山东省非物质文化遗产精品展"	
2007 年 8 月	中共枣庄市委宣传部、枣庄市文化局	首届山东省农村文化艺术节枣庄赛区工艺美术复赛中获一等奖	
2010 年 6 月	薛城区文化局	2010 年薛城区首届民俗文化展览中，作品《缝绣》荣获一等奖	
2014 年 10 月	第三届中国非物质文化遗产博览会组织委员会	第三届中国非物质文化遗产博览会上获得优秀传承人展示奖	

第二节　风俗趣事

一、给省领导"送礼"

尹丽女士和她的母亲单卓华女士的作品一开始并没有受到特别的关注。2006年，枣庄市根据省政府的指示开始进行非物质文化遗产普查，枣庄民间缝绣才受到枣庄市非遗保护中心的重视。当时枣庄市文化馆的馆长来到尹丽家中，看到满屋子的布艺作品，惊讶了许久说不出话来，随后他向尹丽女士询问了缝绣技艺的工艺特色和制作技巧，并希望她能做一些新的作品，便于他带到省里，给省里的领导们看一看枣庄民间的手工艺作品。尹丽女士当即接受了这项任务，并在接下来的半个月里和自己的姐姐尹萍、嫂子陈秀兰天天加班加点赶制缝绣作品。

功夫不负有心人，山东省政府有关部门的负责人看了尹丽女士和她母亲单卓华女士的作品之后，大为惊叹，当即表示要给她们做推广，还希望她们能够回去整理一下材料，去申报省里的非遗保护项目。之后，尹丽女士带着自己和母亲的作品受邀参加了山东省举办的非遗博览会，展会上枣庄民间缝绣技艺的作品受到了评委和游客们的一致好评，很多游客和商家也都争相购买她的作品。

二、从绘画中得到创作灵感

成家之后的尹丽女士很快有了自己的女儿。那个时候，女儿学习美术，尹丽女士自己也比较喜欢，便见到了很多优秀作品。一次偶然的机会，她突然想能不能把这些绘画作品的图案用到缝绣技艺中去。一念至此，尹丽很快就开始了大胆尝试，经过努力，她成功地将绘画作品引用到了自己的缝绣作品中。这一下子打开了她新的设计思路，她开始把一些报纸上、电视节目里看到的精美图案用到缝绣上来，如她的作品《三鱼争头》（图6-7）和《太极鱼》（图6-8）就是她根据看到的绘画创作出来的。

图6-7　《三鱼争头》

图6-8　《太极鱼》

第三节　制作材料与工具

　　枣庄民间缝绣技艺来自民间，制作所需要的材料和工具都是普通百姓家里常见的，主要有绣针、蓝印花布、彩印花布、绸缎、撑子、中国结及吊坠、棉花等填充物、线与剪刀等。常用材料与工具如下：

一、绣针

　　俗话说"工欲善其事，必先利其器"，绣针是我国民间较为常用的一种缝制工具。绣针按针尖的不同可分为圆头针和尖头针两种，圆头针适用于真丝、网纱等有细孔的面料，而其他的面料则用普通的尖头针即可。枣庄民间缝绣技艺对绣针的选取几乎没有特别的要求，大多使用的是平常人家使用的尖头针，如图 6-9 所示。

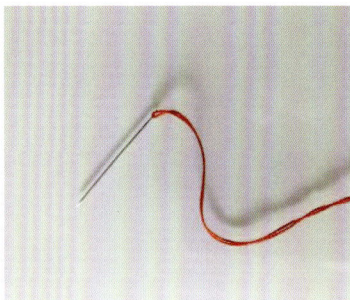

图 6-9　尖头针

二、蓝印花布、彩印花布

　　蓝印花布是一种特殊布艺品，是用蓝草等植物染料染织制而成的，故而称之为蓝印花布。蓝印花布用石灰、豆粉合成灰浆烤蓝，采用全棉、全手工纺织、刻版、刮浆等多道印染工艺制成，如图 6-10 所示。

　　彩印花布是民间百姓生活中的一部分。老一辈人穿的衣服、日常用的门帘、闺女的嫁妆以及定亲、结婚、走亲访友用到的包袱等都是用彩印花布制作的，在农村地区的使用极为广泛，如图 6-11 所示。

　　枣庄民间缝绣技艺作品颜色艳丽，多采用原色对比，因此需要对布料颜色和质地

图 6-10　蓝印花布　　　　　　　　图 6-11　彩印花布

进行选择。尹丽女士的作品所用的蓝色花布和彩印花布是由其女儿专门从上海和江浙地区购买回来的。

三、绸缎

绸缎如图 6-12 所示。尹丽女士的作品中常常要用一些绸缎作为拼接材料。

四、撑子

撑子的作用是将底布固定好，以便在上面绣一些精美图案，如图 6-13 所示。尹丽女士所用的撑子是十几年前她从市场上买来竹子之后自己跟着母亲学习制作的，结合了民间缝绣的制作特色，需用铁丝固定好，这样才能结实耐用。

图 6-12 绸缎

图 6-13 撑子

五、中国结及吊坠

中国结是我国特有的一种手工编织工艺品。最初是人们所做的缝衣打结，后来到汉朝改用于仪礼记事，今天则被用作装饰工艺品。在尹丽女士的作品中中国结与吊坠用于装饰、点缀，增加作品美观的同时又寓美好祝福于其中，如图 6-14 所示。图 6-15 为用中国结装饰的枣庄民间缝绣技艺作品。

图 6-14 中国结与制作吊坠所用的珠子

图 6-15 用中国结装饰的缝绣作品

六、棉花等填充物

枣庄民间缝绣一般采用棉花、艾草等做填充物，既环保又健康。其中艾草是尹丽女士专门从当地一个叫作"万亩苹果园"里的小山上采的野艾，具有驱寒除湿的功效。

七、线与剪刀等

枣庄民间缝绣技艺作品大多采用棉线缝制而成，有时根据需要还会选用一些细线或者毛线，如图6-16所示。

图6-16 细线、毛线、剪刀等

第四节 制作工艺与技法

枣庄民间缝绣作品的制作看似简单，实则对制作者有很高的要求，其制作流程大致可以分为设计图样、选择布料、裁剪拼接、缝制、填充里衬、堆叠装饰六个部分。具体流程如图6-17所示。

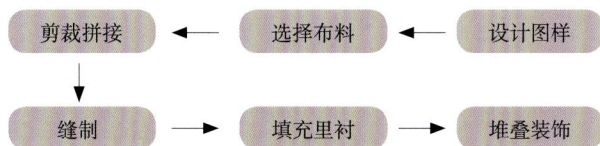

剪裁拼接 ← 选择布料 ← 设计图样

缝制 → 填充里衬 → 堆叠装饰

图6-17 枣庄民间缝绣技艺的主要制作流程

一、设计图样

设计图样是枣庄民间缝绣制作的首要步骤，即根据需要在纸上画出样子。古语云："千里之行始于足下。"好的缝绣作品需要认真揣摩、仔细构想，然后再把想象的东西画出来。尹丽女士酷爱画画，经常从画作里、从生活中得到灵感，然后尝试把它们画出来。图6-18为正在绘画中的尹丽女士。

图6-18 绘画中的尹丽

二、选择布料

不同的作品在绘出图样之后，应根据需求选择不同的布料。枣庄民间缝绣作品大多色彩艳丽，由于制作工艺手法受到限制，其作品多借助原色对比、平面色块的运用，以使色彩过渡有跳跃感，因此选用的布料质地和色泽决定了缝绣色彩形成的效果。尹丽女士一般选用绸缎、蓝印花布、红印花布或大花布，有时根据需要还会选择一些毛线、绸带等搭配使用。其中绸缎多用于制作香包，各色花布则大多用于制作布老虎、《喜香鱼》系列作品等，如图6-19所示。

图6-19 绸缎、蓝印花布、大红布等

三、剪裁拼接

选择需要的布料之后，就要根据图样进行裁剪，不同的作品因其特殊性需要剪成多种布样，如布老虎的鼻子、眼睛等，需要提前剪好样子。另外，枣庄民间缝绣作品大多采用不同的布料进行拼接，即将不同颜色的布料缝制在一起，形成一种错落有致的美感，如图6-20所示。

图6-20 不同布料拼接而成的缝绣作品

四、缝制

缝制过程看似简单，实则是复杂、重要的一环。缝制时，要根据图样细心缝制，一针一线都要非常均匀，这样缝制出来的样子才会精致美观。如缝制布老虎时，要仔细把两块剪好的布样正面相对均匀缝合，但又不能完全封口，要留一个小口出来填充棉花，如图6-21所示。

图6-21 正在缝制《五子登科》的尹丽和尹萍

五、填充里衬

填充里衬就是把缝制好的样子翻到正面，然后将棉花等填充物装进去，再把预留的口子缝上，此时缝绣作品已大致成型。

六、堆叠装饰

缝绣作品雏形完成后，需对其进行绣字、用饰品装饰等后续处理。如制作布老虎时，最后要对布老虎的脸进行装饰，如缝上眼睛、鼻子等；制作"喜香鱼"系列时，要把用蓝印花布缝制好的眼睛缝上，最后还要利用中国结、吊坠等做些装饰、点缀。图6-22为尹丽女士用于装饰而制作的布老虎眼睛等。

图6-22 尹丽女士缝制的布老虎眼睛

第五节 工艺特征与纹样

随着我国工业的发展和人民生活的改善，枣庄民间缝绣经过不断地创新改良，如今已赋予了其独有的内涵与风格，大致可概括为以下几点。

一、色彩丰富艳丽

枣庄民间缝绣作品色彩丰富艳丽，为了弥补制作手法所受的限制，现多采用多原色对比及平面色块的运用，以带给人们色彩上的冲击。因此在制作时，大多使用蓝印花布、彩印花布及绸缎进行缝制，强烈的色彩对比烘托出了喜庆的色彩氛围，给人一种红火热闹的视觉感受。此外，枣庄民间缝绣并没有刻意强调运用哪些颜色，主要讲究的是用色的心理、色彩的感官及氛围，比较注重颜色之间的对比与融合，显示色彩独有的张力和视觉感受，以使颜色的过渡具有跳跃感，体现了一种喜庆、欢快的审美观念。图6-23为色彩丰富的《喜香鱼》系列作品。

图6-23 色彩丰富的《喜香鱼》系列作品

二、缝绣拼缀

枣庄民间缝绣技艺的一大特色是其作品是通过碎布拼接而成的，通过面与面的拼接把不同的色彩和纹饰组合在一起，塑造出作品的形体美。枣庄民间缝绣作品的纹饰主要借用于各色印花布的纹饰，色彩搭配绚丽，洋溢着喜庆热烈的气氛。缝绣拼接的运用是在民俗美术形式的基础上进行的有益创新，也间接拓展了民间艺术彩印花布的表现形式。

三、"共同形"手法的运用

"共同形"手法的广泛使用是枣庄民间缝绣的又一特点，在形象中套形象，如老虎纹样，眉毛是花瓣，鼻子是桃子；又如凤凰纹样，肚子是牡丹花，尾部是枝叶等。这充分体现了作者的机智和幽默，表现出了枣庄人民乐观向上、热爱生活的性格，如图 6-24 所示。

四、造型丰富、寓意美好

枣庄民间缝绣第三代传承人尹丽女士不仅从母亲单卓华那里学会了传统的布老虎和香包的制作，她还创作了很多优秀作品。此外，她的作品不仅造型丰富，而且寓意积极向上，如作品《喜香鱼》系列中"双鱼"的形象和"鱼"的谐音，有好事成双、富贵有余的寓意；布老虎系列作品外观憨态可爱，有祝愿儿童健康成长之意，如图 6-25 所示。

图 6-24 "共同性"手法之老虎纹样　　　　图 6-25 寓意美好的《双鱼》系列

第六节 作品赏析

一、《喜香鱼》系列

　　鱼在我国象征着祥瑞、盈余、富足，民间百姓亦喜欢用鱼来表达祝福之意，如年年有余、鱼跃龙门等。枣庄民间缝绣技艺也在作品中传承了这一流传千年的美好寓意。

　　作品《喜香鱼》系列是尹丽女士通过观摩画作自己想象创作的，主要采用夸张的手法来表现人们对美好生活的向往。该系列缝绣产品主要包括《双鱼》《五子登科》《四世同堂》《三口之家》等（图6-26~图6-28），其外形设计独具匠心、缝绣精细、寓意吉祥，极具观赏和收藏价值。

图6-26 双鱼挂件之好事成双

图6-27 双鱼挂件之富贵有余

图6-28 非遗展览会中展出的《三鱼争头》和《五子登科》等《喜香鱼》系列作品

二、十二生肖

　　十二生肖，又叫十二属相，包括鼠、牛、虎、兔、龙、蛇、马、羊、猴、鸡、狗、猪。我国民间在很多地方对十二生肖有过不同形式的表现。枣庄民间缝绣技艺作品"十二生肖"是尹丽女士在传统的基础上所进行的创新，她大胆吸收了民间美术的多种技法，还融入了许多现代元素，该系列产品兼具审美价值和观赏价值，如

图 6-29~ 图 6-31 所示。

图 6-29 十二生肖之鸡

图 6-30 十二生肖之虎

图 6-31 枣庄民间缝绣作品之《十二生肖》

三、香荷包

枣庄民间缝绣技艺作品香包，工艺独特，做工精美。香包中加入了十几种散发自然芳香的艾草、术香、辛夷、朱砂等中草药，经过特殊加工制作成具有浓郁特色的香荷包。如今尹丽女士所做的香包不仅具有药用功能，而且蕴含着丰富的文化内涵和精神取向。

四、布老虎系列

枣庄民间缝绣技艺作品——布老虎系列主要包括虎头帽（图 6-32）、虎头枕（图 6-33）、虎头鞋（图 6-34）及玩具布老虎（图 6-35）等。该系列作品具有典型的地域色彩，件件都能反映出当地人的思想诉求、风俗信仰和审美标准，有祈求儿童茁长成长之意。

图 6-32 布老虎系列之虎头帽

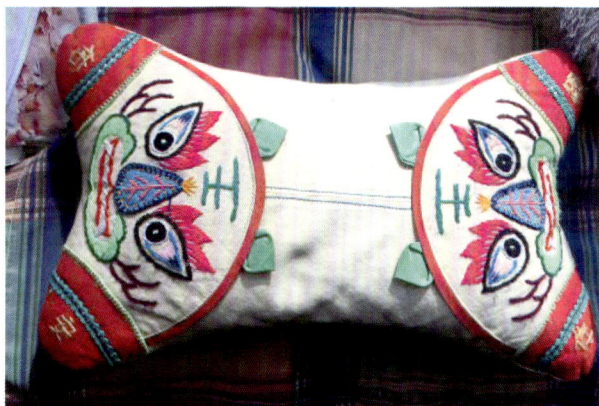

图 6-33　布老虎系列之虎头枕

图 6-34　布老虎系列之虎头鞋

图 6-35　玩具布老虎

第七节　传承人专访

尹丽，枣庄市薛城区人，为山东省第二批省级非物质文化遗产枣庄民间缝绣技艺第三代传承人。其作品色彩艳丽，造型清新脱俗，寓意美好，深受国内外游人的喜爱，主要作品有《喜香鱼》系列、十二生肖、香包、布老虎系列等。尹丽女士曾多次受邀参加中国非物质文化遗产展会，参会作品荣获"山东省非物质文化遗产精品奖"等多个荣誉称号。笔者对其进行了如下专访：

一、请问：作为枣庄民间缝绣技艺的传承人，您是从什么时候开始接触这门技艺的？

尹丽女士：一开始我对缝绣这门手艺不是很了解，只是小时候看过母亲经常做一些缝缝补补的手工活儿。1962 年因为父母工作的原因，全家从济南搬到枣庄市薛城区。那个时候家家户户比较穷，买不起衣服，身上穿的衣服都是母亲做的。过年时，为了喜庆，母亲偶尔会做一些虎头鞋和虎头帽。那时候我还小，就是看到母亲做的东西好看，喜欢拿着玩儿。大概就是从那个时候接触到缝绣这门手艺的吧，不过那时候还小，还要上学，所以没有跟着母亲学习缝绣技艺，直到一次偶然的机会，我才开始学习这门手艺。

二、请问：您是怎么爱上这门技艺的？您是跟谁学的？还有谁是跟您一起学的？

　　尹丽女士：我是跟着我母亲学的，一起学的还有我的姐姐尹萍和嫂子陈秀兰。刚开始的时候母亲也没怎么做这些布艺的小玩意儿，记得是后来有一次我旅游外出的时候从上海给母亲买了一个"香包大王"香包，母亲特别喜欢，说特别漂亮，还说自己也会。但是一听价格48块，就说这个东西太贵了，然后自己就去做了一个，而且做的也很好看。从那以后，我就开始跟着母亲学习制作这些布艺的手工作品。再后来我母亲因为年岁大了，经常生病住院，我们经常在医院陪护，闲下来的时候我就做一些小饰品什么的给母亲看，并跟着母亲学做。有一次，我参加的老年大学举办展览，我就带着自己的作品去参展，结果大家都非常喜欢，说好看，我特别开心，渐渐地就爱上了缝绣这门技艺。

三、请问：枣庄民间缝绣技艺有什么特点？作品又有哪些特色？

　　尹丽女士：要说特点，首先，我们枣庄民间缝绣技艺被称为中国民间手工艺中的一朵奇葩。之所以这么说是因为它是以枣庄百姓对美好生活的向往为题材，采用夸张、变形的手法，同时又融合吸收了民间美术中的多种技艺，通过剪、缝、绣、贴、扎等技法制作而成的手工艺作品。其次，咱们这个作品是完全手工制作的，一针一线都要认认真真地缝制，不像市面上那些产品好多都是机器制作的。比如之前我去商店里买的那些布老虎什么的，填充的物品比较硬，很多小动物布制品的眼睛都是贴上去的，不仅死板还不环保。而我们的作品都是用纯天然的材料制作的，比如布老虎里面我们填充的都是棉花，布料也都用的是纯棉的；香包里的香料都是母亲自己调制的，我母亲做的香料特别好，我和姐姐都学不来，都是些艾草、辛夷等中草药，既不刺鼻，又安全环保，还有保健作用。最后，我们的作品具有浓郁的民俗风情，鲜明的地方色彩。众所周知山东人民热情好客，我们枣庄地区更是如此，自古民风淳朴，不拘小节，行侠仗义，就像小说《水浒传》里写的那样。我们的作品在制作时也加入了这些特色，比如布老虎，造型一般比较夸张，色彩浓艳，体现了枣庄人的理想和追求。

四、请问：在您制作缝绣作品的过程中，有没有遇到什么麻烦？您觉得在创作过程中最难的地方是什么？

　　尹丽女士：缝绣布艺其实比较简单，主要问题就是太费时间，比如那个大鱼的眼睛就是我们自己创作的，是用绣花线一针一线缝上去的，这样就比较好看一点，不像商店里那些随便贴一贴就拿出去卖。其实大一点的鱼还好做，主要是那些小一点的不好做。缝制样子都挺快的，就是完成后要给鱼身上绣一些花纹或者拼缀什么的就比较费时间，时间长了，对眼睛也有一定的损伤。现在我都 60 多岁了，时间久了，眼睛多少会有一些不舒服，做的东西也没有以前多了。还有就是那些印花布都是我让女儿从乌镇买回来的，他们那里的蓝印花布都是用天然植物染料染的，价格就高一点，做出来的东西成本也就上去了。

五、请问：在您制作缝绣这些年里，有没有什么印象深刻或者让您触动较大的事情？

尹丽女士：其实缝绣对我来说有一种特殊的情感。小的时候，母亲给我们六个孩子每人做了一个小的缝绣玩具，给我的是一只布小猪，我特别喜欢。后来，我跟着母亲学缝绣，开始就是把它当成一个业余爱好，后来母亲病重，卧床不起，我就在陪护她的时间里做一些缝绣的东西给她看。再往后，母亲的记忆力下降得厉害，很多事情和人她都不记得了，但她记得我们几个，记得缝绣。我经常做一些给她看，并问她好看不好看，她说："好看！"我就说，我还是跟你学的呢。妈妈说："我做的没有你的精彩。"我母亲比较节俭，一开始看我做的布老虎什么的特别开心，后来看到我把布料剪了一地，她就特别心疼，说我浪费。现在妈妈走了以后，她留下的很多衣服鞋帽，我会把它们都收拾起来放好，留下来做个纪念。

六、请问：枣庄民间缝绣作品的销路如何？您对当前的市场行情满意吗？

尹丽女士：开始的时候，我们的作品主要用于参加一些小的展览，或者送给亲朋好友。比如这个鱼，做成大红色的就会比较艳丽，结婚的时候挂在家里就显得特别喜庆，而且那时候在外边是买不到的，只有我们会做。后来因为我们参加了非遗展，销路一下子就打开了，带到展会上的产品很快就卖完了，还有很多单位都给我们留名片、下订单，其中也有上海的大企业。可是太多了，我们一时也赶制不出来，毕竟咱们这个是手工的，没法量产。申上非遗之后，我们给省里的博物馆做了一批。现在我们的作品实用性已经没有那么强了，比如我母亲之前做的那些衣服鞋子之类的，都特别好，但现在很少有人穿了。还有就是价格问题了，如果价格高了，国内买的人就会少；不过，外国人买得多一点，他们比较喜欢这种布艺的产品。目前我们的作品主要留着参展，偶尔也给火车站里的纪念品店做一些十二生肖的布艺品，不然如果再开非遗展览会的话，可能做不出来那么多。

七、请您简单说说枣庄缝绣技艺现在的传承情况。关于这项技艺的传承，您有什么好的建议或者对策吗？

尹丽女士：其实我们这个布艺的东西很好学，一学就会，不同作品所用的针法什么的都是相通的，可就是没人愿意学，也没人愿意做。布艺这种技艺是一点就通的，需要的是功夫、手工。现在枣庄地区还有一些人在学做民间缝绣技艺，不过大多是一些离退休干部，年龄较大。现在很多年轻人觉得单纯做这个收入不多，所以没人愿意学。不过有一些纺织类大学的学生好像在研究这些非遗的东西。我觉得这样挺好的，可以帮我们宣传一下，记录下来，让更多的人知道我们枣庄民间缝绣技艺。政府也在这项技艺的传承上做了很多努力，市艺术馆经常会举办一些非遗的培训班，请老一辈的艺人去上课，这些都是传承。

八、请问：在这项技艺的传承上，您都做了哪些努力？

尹丽女士：早些时候，我还没想过要把这项技艺教给谁，后来发现没人愿意学。其实这门技艺也没有什么可保密的，都是一些简单的手工制品。这几年里，我一直都希望能把这个制作工艺传下去，附近有退休的人愿意来学的我就教她们，也没收过什么钱。市文化馆也偶尔会开办一些退休妇女培训班，请我去给她们上课，我和我嫂子陈秀兰每次都积极参加，就是想通过各种形式，把这个老一辈的技艺传下去，不能让它丢了。前阵子山东省有一个叫"传活儿"的致力于非遗保护的传承平台联系我，希望我能给他们提供一些制作工具还有制作流程，我这几天一直在准备相关的材料。平常还有一些学生也来，有社会实践的，还有写论文的。有一年，好像是南京的一个学校，一下子来了十几个男孩儿女孩儿说要写关于非遗保护类的毕业论文。我一听就特别开心，他们毕竟是文化人，我希望他们能把这些都记录下来，好好传播一下咱们枣庄民间缝绣技艺，让更多的人知道，更多的人去学习，慢慢地把它传下去。

九、请问：枣庄民间缝绣技艺已经是省级非物质文化遗产保护项目了，您觉得现在对它的保护力度如何？还有什么可以改善的地方？

尹丽女士：现在我们国家很多非物质文化遗产的东西都没有了。前几天我看电视上报道，蓑衣已经不再用了，你们年纪小，可能都不知道这个东西了。我们那个时候家家户户用的都是蓑衣，没有雨伞，现在这些东西估计只能做成工艺品放在博物馆里了。所以有些东西再不抓紧保护，以后可能就真的没有了。政府也充分认识到了这一点，自2006年以来，枣庄市非物质文化遗产保护中心每年都投入大量的人力、物力，用于对这项民间工艺的调查、挖掘、整理。这些都是为保护枣庄民间缝绣技艺所采取的措施，我对他们所做的努力感到欣慰。实际上，我们枣庄这里不只有缝绣，还有很多民间的、民俗的技艺。要谈保护，我觉得不仅政府要下功夫，我们这些艺人也要寻求改变和发展，可以在创作过程中加入现代的元素，不能太死板，既要保留原始的精华，又要有所突破，比如，我女儿结婚时候穿的旗袍婚纱服，就是我托一个我们这里的艺人仿照西式婚纱改的，穿在身上不仅特别的漂亮，还有我们国家传统的美好寓意在里面。

十、请问：您对枣庄缝绣技艺的未来有何展望？对高校有何期许？

尹丽女士：现在枣庄缝绣技艺的实用性不强了，很多做出来的时装、鞋子很少有人穿。不过我们可以把它们做成装饰品或者小的工艺品，现在很多人都喜欢这些手工的东西，我们争取突破一下，做出各种各样的颜色和样式来。这样既可以发展这种缝绣技艺，又可以打开销路，我相信慢慢会有更多的人了解它，学习它！我现在也不图卖它们，就想多去尝试、多做，做一个缝绣的博物馆出来，把这种技艺保留下来。对于高校的孩子们，我随时欢迎他们过来调研，希望他们能多研究一下咱们国家这些特有的技艺，多做宣传，这也是间接的保护。另外就是学艺术的孩子，希望他们能多学习一下这些传统的技艺、技法，用自己的智慧与我一起绘写出缝绣技艺的辉煌明天！

第八节　传承现状与对策

一、传承现状

枣庄民间缝绣技艺是一种在我国枣庄地区流传许久的、古老的民间手工技艺，它承载着该地区的民俗风情，见证了该地区的历史变迁，是枣庄老一辈人民给我们留下来的文化财富。随着我国经济的发展，人们生活越来越富庶、美好，民间缝绣技艺的艺人在创作过程中逐渐加入许多现代元素，枣庄民间缝绣作品也由实用性向观赏性过渡。但它仍和很多其他传统技艺一样，发展空间正在受到大机器生产化和人工智能化的冲击和挤压，传承现状不容乐观。其原因大概可以概括为以下几点。

1. 生产能力有限

枣庄民间缝绣是一种纯手工制作技艺，这极大地限制了它的产出能力。由于制作流程和工艺的限制，该技艺很难进行大规模的机械化量产。稍大一点的布艺品大概需要一天的时间去完成制作，而小一点的制品因为做工要求更细致，可能需要几天的时间才能完成，所有的作品都是一针一线手工缝制的，再加上本来就是家庭式的生产模式，所以一般大的订单，艺人们需要花费大量的时间才能制作完成。产出能力低下，就会影响收入，收入低下，将会挫伤民间艺人制作的积极性，学习和传承的人也就越来越少。

2. 青年艺人缺乏

随着人们收入的提高和生活节奏的加快，枣庄民间缝绣制品慢慢地淡出了人们的视线，尤其是年轻一代，很多人都不了解缝绣制品，更别说去学习了。另外，民间缝绣在制作工艺上手续有些烦琐，所以一些年轻人没有耐心学下去。现在枣庄地区学习民间缝绣技艺的大多为一些退休离职的老人，很少有年轻人愿意学习这门技艺。青年艺人的缺乏，将会使得枣庄民间缝绣技艺缺乏创造和改进能力，这将非常不利于这项技艺的传承和发展。国家和民族的振兴离不开青年人，技艺的传承和发展亦是需要注入新鲜的血液。

3. 营销方式单一

枣庄民间缝绣技艺产品的营销方式比较单一，其作品一般通过参加非物质文化遗产展会进行售卖。在如今电商平台逐渐成为主流购物方式的时代，这种依托于展会的销售方式，显得过于单一。单一的营销方式，将会使得产品卖不出去形成积压，这将使艺人丧失对民间缝绣的热情和兴趣，并直接影响缝绣技艺的进一步发展。

4. 宣传力度不足

虽然枣庄市非物质文化遗产保护中心每年都投入大量的人力、物力对枣庄民间缝绣技艺进行宣传，但其至今仍未形成较明显的品牌效应，网上关于枣庄民间缝绣技艺的介绍也较为匮乏。在信息化时代，凤毛麟角的简单介绍不利于枣庄民间缝绣技艺知名度的提升，对其发展和传承也造成了一定影响。

5. 缺乏资金支持

枣庄民间缝绣技艺所用的工具较为简单，但其对所用的材料有所要求，如尹丽女士所用的蓝印花布、绸缎等都是其女儿从上海、江浙一带购买回来的，成本较高，每年从政府那里得到的补贴很难弥补缝绣作品的成本，所以几乎她自己承担了所有材料的费用。资金的匮乏，也会影响枣庄民间缝绣技艺的传承和发展。

二、传承对策

目前，作为省级非物质文化遗产，枣庄民间缝绣已经受到了政府和部分高校的高度重视，他们在其保护问题上做了很多努力和有益尝试：相关部门也开展了普查工作，并将普查资料进行了整理存档；同时，枣庄市非物质文化遗产保护中心还组织喜爱枣庄民间缝绣技艺的人进行了学习培训和交流，使他们熟知枣庄民间缝绣技艺的制作技巧，把枣庄民间缝绣技艺作为一种旅游资源开发出来并投入市场；国家还在资金上给予了支持，来帮助枣庄民间缝绣技艺更好地传承下去。但不可否认的是，枣庄民间缝绣技艺的发展和传承依然还有很多问题存在。因此，针对现存的问题和不足，笔者提出以下对策建议。

1. 促进产业化发展

要解决枣庄民间缝绣技艺产品产量低下的问题，需要促进其产业化生产。当前，枣庄地区从事民间缝绣技艺制作已形成了一定规模，但是大多都是家庭小作坊式生产形式，可以通过整合的形式来促进其形成产业化的生产。一方面有助于从事枣庄民间缝绣技艺的艺人们在一起学习和交流；另一方面可以解决个人订单太多、做不出来的难题。一个产业的发展和扩大离不开规模化大生产，枣庄民间缝绣技艺亦是如此。要打破产量低的难题，需要把枣庄地区的缝绣艺人聚集起来，共享订单，然后分工合作，把较为复杂的工艺环节分解成若干个步骤，既可以提高生产速度，又可以多做订单，提高艺人收入，这样就会有越来越多的人学习这项技艺。当然这需要当地政府和艺人们的共同努力。

2. 注重青年艺人培养

青年艺人的培养是枣庄民间缝绣技艺传承过程中不可忽视的一环。青年艺人的加入将会给一门技艺注入创造的活力和动力。在非遗文化的传承过程中，需要提高青年人对枣庄缝绣技艺的学习和保护意识。为解决这一问题，笔者认为需要把缝绣技艺带到青年人的日常生活中，给他们塑造一个接触缝绣技艺的大环境。首先，政府可以制定专门的补贴政策，吸引青年人学习；其次，可以结合高校教育资源，开办一些特色的非遗文化技艺传承班，并在高校开设有关缝绣技艺的课程，拓展大学生的兴趣爱好；最后，在一些纺织特色院校成立有关缝绣技艺的社团组织，并定期举办一些和民间艺人面对面交流的实践活动。

3. 扩展营销渠道

事实证明，单一的营销模式不利于枣庄民间缝绣技艺的进一步扩大和发展。俗话说，好的产品需要好的营销策略和多种营销渠道。枣庄民间缝绣技艺产品应拓展多个销售渠道，可从专门的实体店做起，然后有计划有策略地开展网络营销，进而破除单一的营销模式。政府也可帮忙牵线搭桥，帮助其与一些知名的纪念品销售企业签订销售合同，由其代销紧俏的枣庄民间缝绣技艺产品。还可拓展海外营销渠道，让这一中华民族的传统技艺在世界的舞台上发光发亮！

4. 塑造文化品牌

相关部门在呼吁保护枣庄民间缝绣技艺的同时，也应注重其文化品牌的建设和培养。这需要政府、企业、传承人和社会组织的共同努力，不仅要定期举办展会，还要通过相关电影、纪录片的拍摄，以及旅游宣传等多渠道、多方式来推广民间缝绣技艺，使其形成枣庄地区的一个品牌文化，让更多的人熟知枣庄民间缝绣技艺，这才是对枣庄民间缝绣技艺最好的保护。

5. 吸引资金投入

企业的发展需要大量的发展资金，文化的传承也需要大量的人力、物力投入。虽然每年国家都会对非遗保护项目投入大量资金，但具体到一个项目上时，资金数量是十分有限的。因此，当地政府可根据本地特色，制定相关产业政策，吸引社会资金投入，帮助枣庄民间缝绣技艺形成产业化的生产和加工，为艺人们创造一个良好的生产环境。

第七章

柳疃丝绸技艺

柳疃丝绸是指茧绸，即柞绸，又称山东绸或鲁绸。是一种古老的中国传统织造工艺。历史上，人们把这里生产的丝绸称之为"柳绸"。柳疃丝绸在一个多世纪的艰难曲折光辉历程中，留下了"织造府绸""丝绸之乡"和"华侨之乡"数个里程碑式的称号。2006年底，昌邑市柳疃丝绸工艺已成功申报为山东省省级非物质文化遗产名录（表7-1）。2014年，昌邑市华裕丝绸有限责任公司的魏耀琳入选山东省第四批省级非物质文化遗产项目代表性传承人，并成立了柳疃丝绸制作技艺传习所。

表7-1　柳疃丝绸技艺

名录名称	柳疃丝绸技艺
编号	Ⅷ-12
名录类别	传统手工技艺
名录级别	省级
申报单位	昌邑市华裕丝绸

第一节　起源与发展

一、起源

昌邑市地处淮河下游和渤海湾畔，自古人烟稠密，但土地瘠薄，农业收成不好。为了生存，当地人民很早就开始了丝绸生产。在3000多年前的周朝，昌邑就有了"养蚕织帛，捻线就织"的声誉。据明朝万历年间《莱阳府志·物产篇》记载，该地产丝、棉麻绢、布、山茧绸蜡、靛红花等，可见，当时的丝绸技艺、棉麻制品已有相当名气。

柳疃镇在昌邑市北约10公里处。昌邑的丝织业多集中在柳疃一带，所以昌邑丝绸一般称为柳疃丝绸，简称"柳绸"。在清朝康熙年间，今柳疃镇高隆盛村高氏即就地采购民间织造的棉布，于北京运输并销售。随运销规模不断扩大，高氏于北京开办了"隆盛号"布庄。看到高氏因此致富，当地村民也竞相效仿，在北京设立布庄。嘉庆年间，柳疃镇姜家寨村姜士昌一族因供给的棉布物美价廉，因此被称为"寨子布"，其销售渠道遍及直隶、河南及西北诸省。与此同时，以柞蚕丝织造柞丝绸的技艺也开始兴盛起来。

柞蚕，古称春蚕、槲蚕、栎蚕，也叫山蚕，因喜食柞树叶而得名。以柞蚕茧缫丝，起源于山东省鲁中南地区。以柞蚕所吐之丝为原料缫制的长丝，称为柞蚕丝，制作的丝绸也称山茧绸。柞蚕丝的伸缩性、耐热性、耐湿性、耐腐蚀性、耐光性良好，除了用作织造丝绸的原料，另外在工业和国防上也有重要用途。胶东栖霞地区率先改进山茧绸的制造技艺，从手工捻线提升为纺车纺线，使山茧绸制造质量与制作效率得到明显的改善与提升。在此背景下，昌邑布业的商人抓住先机，大量收购山茧绸，运用已经成熟的运销市场，将山茧绸织物销往各个省份。在昌邑布业的带领下，其他商号纷纷踏足山茧绸运销领域，促使山茧绸商品化加速，也拉开了柳疃丝绸技艺的序幕。

二、发展

随着产销关系的不断延伸，昌邑市绸布商人开始将胶东地区、山东中南地区的丝茧原料运往本地，给柳疃及周围的农户捻纱、纺线，从而开启柳疃本地织造山茧绸的历程。

道光年间，昌邑市龙池镇瓦城村的赵连云与赵光珠于柳疃街合股开设复胜店；而后，龙池镇齐西村的齐增修、瓦东村的赵梦全与姚徐邓村的徐培祺开设收售蚕茧的广胜店；都昌街的傅振邦一族与潍坊的陈介祺一族也相继合股开设茧庄双胜合。到咸丰初年，位于柳疃的丝绸商号已达到三四十家，为柳疃茧绸的发展起到了重要作用。

用经纱和纬纱织造的山茧绸，因丝线粗细不匀常常导致织物表面很不平整，因此也被形象地称为"疙瘩绸"，这样丝绸织物的消费群体集中普通百姓。为了扩大售卖范围，提升利润空间，昌邑市绸商开始研究如何提高产品质量，他们把柞茧试验如同家蚕来漂丝，直至道光末年，经过技术的不断改进，研发了柞丝漂丝技术，大大提升了织造质量，缫丝织就的"昌邑茧绸"因之诞生。这种茧绸，色白或微黄，光润美观，吸湿性强，结实耐用且不怕水洗，深受社会中上消费阶层喜爱。昌邑茧绸的诞生，从本质上说是中国茧绸织造工艺的一次飞跃。

清朝末年，昌邑茧绸的销售渠道已经遍及全国主要城市，其中，北京成为昌邑茧绸最早也是最为重要的内销地与中转站。在京的绸布业老号兴旺发达，派生出多个分号。

1911年，由于柳疃丝绸商号规模较大、数量众多，成立了商务会。1915年，昌邑县成立了商务会。

中华民国建立后，昌邑市每年的柞丝绸交易额约一千万两，约为山东总交易额的60%，约为全国总交易量的48%。柳疃镇、龙池镇、卜庄镇的大部分村庄的村民都利用农闲为绸店加工。据统计，柳疃及周边村镇，不计小户，拥有20台织机以上的商号就有67家，织机4290台，年生产茧绸643500匹，工作人员10000人左右。

1916年后，时局动荡，由于外国人造丝的涌入、辽宁柞茧原料基地为日本人所占等原因，柳疃绸业出现衰退局势。为使柳疃丝绸再次振兴，昌邑市柳疃以及附近地区的行商背起绸包远赴南洋等地推销丝绸[1]。后来各家绸庄、商号陆续派人到国外行

---

[1] 1853年（咸丰三年），昌邑双台乡峰埠村徐忠绍、徐长庚首次携带柳疃丝绸到南洋销售。

销，在南洋、俄国、日本、朝鲜、美国、英国等国逐渐打开销路。清末民初，许多外国商人来柳疃开设绸庄，大量收购丝绸。因此柳疃丝绸虽在残喘危机之际，但仍可支持生产。1933 年，美国举行芝加哥百年进步纪念世界博览会，柳疃丝绸参加展出，并获殊荣。但衰败之势，难以挽回。

中华人民共和国成立后，柳疃丝绸经历了一次大发展。1952 年，昌邑成立了利民丝绸生产合作社，该合作社后来发展为昌邑丝织二厂。1956 年几家私营绸店合并建立了昌邑县供销社丝绸经营店，后来发展为昌邑丝织一厂。1977 年，在从昌邑丝织一厂、二厂抽调出设备和技术人才的基础上，建立了一座年产印染丝绸 1600 万米的昌邑丝绸印染厂。

柳疃丝绸几经曲折发展，今天在树立文化自信、强化非物质文化遗产保护的时代背景下，由政府在柳疃镇立项重点建设了中国棉纺城。棉纺城总占地面积 1500 亩，总投资 65 亿元。整个棉纺城由市场贸易区、仓储物流区、综合配套区三大功能板块构成。在柳疃丝绸行业的支撑下，柳疃镇取得了全国文明镇、全国重点镇、全国生态镇、国家小城镇经济综合开发示范镇、省级文化特色建设示范镇、山东省首批中心镇、山东省特色产业镇、山东纺织印染产业第一镇、山东省产业化驱动城镇化十强镇、潍坊市第一批扩权强镇改革试点镇等诸多美誉（表 7-2）。

表 7-2　柳疃镇所获荣誉一览表

时间	颁奖单位	所获奖项	图片展示
1991 年	国务院企业管理指导委员会、国务院生产委员会	国家二级企业	
1997 年 7 月	中国纺织总会	中国丝绸行业推荐名牌	
2005 年 10 月	山东省名牌战略推进委员会、山东省质量技术监督局	山东名牌	

时间	颁奖单位	所获奖项	图片展示
2006 年 9 月	国家质检总局	国家地理标志保护产品	
2006 年 12 月	山东省文化厅	省级非物质文化遗产	
2009 年 1 月	山东省名牌战略推进委员会、山东省质量技术监督局	山东名牌	
2011 年 12 月	山东省名牌战略推进委员会、山东省质量技术监督局	山东名牌	
2012 年 9 月	山东省工商行政管理局	山东省著名商标	
2013 年 7 月	潍坊市文化广电新闻出版局	柳疃丝绸制作技艺·传习所	
2014 年 10 月	第三届中国非物质文化遗产博览会组织委员会	优秀文化企业	
2016 年 12 月	昌邑市文化广电新闻出版局	丝绸文化示范区	

第二节　风俗趣事

一、昌邑茧绸与《红楼梦》

昌邑茧绸出现于道光年间，但其早期发展，应该与苏州织造李煦家族有着千丝万缕的联系。康熙年间，昌邑东隅人李煦曾任苏州织造一职，其妹李氏是江宁织造曹寅的原配夫人，即《红楼梦》作者曹雪芹的祖母。《红楼梦》的创作，大量取材于苏州李家。

近年新发现的李煦《虚白斋尺牍》卷二《复昌邑王令》记载："台贶祇领山绸。"可见昌邑知县王翼赠送李煦的礼品中即有"山绸"。这里的"山绸"应是纺线织就的"山绸"。无独有偶，在办理李煦产务之奴才马二的抄家清单中，也有"茧绸短大襟夹袍一件，折银七钱""茧绸短大襟夹袍一件，折银五钱"的记录。

《红楼梦》第四十二回，刘姥姥二进荣国府告别回家，王熙凤送有礼物，原文道：刘姥姥忙赶了平儿到那边屋里，只见堆着半炕东西。平儿一一的拿与他瞧着，说道："这是昨天你要的青纱一匹，奶奶另外送你一个实地月白纱作里子。这是两个茧绸，作袄儿裙子都好。这包袱里是两匹绸子，年下做两件衣裳穿……"

除去刘姥姥自己要的青纱，平儿先说茧绸，再说绸子，可见茧绸比绸子要珍贵一些。而对照前文，这"两个茧绸"无疑有着李煦家族财产的影子。

二、参加美国世界博览会

早在 1933 年，应美国总统胡佛的邀请，柳疃丝绸参加了在芝加哥举行的百年进步纪念世界博览会展出，这大大提高了柳疃丝绸的知名度。部分绸庄、商号将柳疃丝绸运到北京，染色成"京庄绸"，转销欧洲等地。最兴盛时年出口 60 万匹，价值 400 万两银圆。抗日战争胜利后，丝绸生产和出口逐渐减少。1950 年当地人民政府重视柳疃丝绸的外贸生产，对私营厂家实行订货，原料供应，委托加工，组织外销。1952 年组织了丝绸生产合作社。1956 年建成了柳疃丝织一厂、二厂，逐步实现了机械化生产，共有捻线绸、条纱棉绸、柳絮绸等 24 个出口品种。传统优秀出品品种"五十码长绸"，改进为 6384、6385 南山绸，外销法国、瑞士、美国等国；宁海绸演变为6391 品种，销往西德；13372 和服绸销往日本。年销 200 万米，1982 年出口额达到 619 万元。

三、下南洋

被很多人羡慕和传颂的"下南洋"指的就是以柳疃为代表的昌邑居民到东南亚一

带卖柳绸的事情。随着柳疃丝绸的兴盛和知名度的提升，一些昌邑人，特别是柳疃人开始背起包袱闯南洋。柳绸在东南亚一带很受欢迎，海外的销路逐渐打开。今天，这些当初背井离乡到南洋创业的人的后裔，很多在东南亚成了富豪。

第三节　制作材料与工具

一、制作材料

柳疃丝绸和南方丝绸相比，具有明显的地域特色。由于特有的地理环境和气候条件，柳疃本地的丝绸产品原料不仅细腻绵长，而且弹性好、柔韧性强。其中最具有标志性的特点是它用野生柞蚕茧织绸。而较初期的野蚕主要来自于山东境内的"东山"和"南山"，因此柳疃丝绸技艺的原料，最初来源即为"东山"和"南山"。"东山"和"南山"的称谓，是以柳疃为地理参照系来命名的。"东山"指的是柳疃东面的胶东半岛的牟平、海阳、栖霞、莱阳等地山区；"南山"指的是柳疃南面的鲁中南山区的日照、诸城、营县、沂水等地山区。

随着生产力的提升，柳疃丝绸技艺的原材料也会来自于省外，特别是东北。从长白山到大小兴安岭，柞树作为东北的阔叶林漫山遍野，为柞蚕提供了取之不尽、用之不竭的饲料来源。

丝绸原料天然色丝及蚕茧如图 7-1 所示。

图 7-1　天然色丝及蚕茧

二、制作工具

依据柳疃刺绣技艺的制作流程，不同阶段所需的制作工具各异，其主要工具如图 7-2~图 7-8 所示。

图 7-2　刷子

图 7-3　籰子与线轴

图 7-4　做穗车

图 7-5　拉梭机用梭子

图 7-6　手扔梭木机梭子

图 7-7　拉梭木机

图 7-8　牵机

第四节　制作工艺与技法

丝绸由经线和纬线交织而成。经线要经过六个关键环节才能够扯起来，这六个环节是：配丝、药丝和漂丝、络丝、牵机、刷机。

配丝：把丝线进行调配顺色，使丝粗细和色泽大体一致。

药丝和漂丝：把调配好的丝放在药缸中浸泡，再拧净晒干，缕好。

络丝：把丝轱辘在撑撑上，再均匀地摇在籆子上。

牵机：按经的总头数把丝牵在一起，到一定长度再拾绞。

刷机：刷机是保证丝绸织物质量关键的一步。因为丝本身不结实，容易起毛，缺少保护色，丝胶也不均匀，容易断裂，因此要刷机。传统的刷机方法是用淀粉刷在丝上，丝是长纤维，不容易渗透，刷上淀粉形成薄膜后就不容易断了。刷好机，把线卷到轴上，即成经线。经线最初被叫作络子，把络子装到木机上，经线就做好了。

纬线的制作相对简单。先制作穗子，橄榄形，温水加湿，可保证丝线的弹性，因为柞蚕蚕茧湿时张力大，结实，较为紧密。把穗子放在梭子里，便可准备织绸。

经、纬线都制作完成后便可上机，经纬交织成绸。在织造丝绸的过程中，机子的坐板是相当重要的。人就坐在坐板上，坐板不能太宽，也不能太窄。最初的坐板是独板，很有弹性，长度大约 92 厘米，最适合人们左一脚、右一脚，左一手、右一手的左右运动。

织下来的绸是生绸，如要用作服饰等，还得经过"漂练"。传统的柳疃丝绸是用猪胰子将生绸去污润滑、柔化后大锅炸绸，使之变熟。之后经过"跺绸""拧绸""平绸""整绸"环节，丝绸便织成了。这就是传统的柳疃丝绸的加工过程和技艺。

第五节　工艺特征与纹样

柞蚕丝绸属于蛋白质纤维。从外观上来说，未经过染色或者印花的柞蚕丝绸呈乳白色或者褐色，由于单丝呈扁平三角形截面以及层状结构，所以丝绸表面光泽柔和、悦目。在光的漫反射下，丝绸表面有极光出现；又因丝线较粗，所以表面粗犷、自然。从物理性能上来说，柞蚕丝绸强度高，弹性好。因属于天然蛋白质纤维，柞蚕丝绸的吸湿能力较好，大于棉而小于羊毛，透气性也好，穿着舒适，冬暖夏凉，全年都可以穿用。值得一提的是，织物不起静电，不容易粘灰，富有立体感，有身骨，光泽柔和，色泽自然、雅致。

和家蚕丝绸相比，柳疃柞丝绸不褪色、不掉色，也很难染上别的颜色，在保护皮肤方面也明显优于其他一切丝织和棉织物品。并且，柳疃柞丝绸的耐酸性、耐碱性、耐药性、绝缘性都很好，都优于桑蚕丝。这也造成柳疃丝绸织物纹样较为简单，一般以纯色、格状织物为主。

第六节　作品赏析

一、柞丝绸样本

图 7-9 为收藏的柞丝绸样本。

图 7-9　柞丝绸收藏样本

二、丝绸织物

图 7-10~ 图 7-12 为柳疃的丝绸织机及织物

图 7-10　柳疃白色丝绸织物

图 7-11　白底蓝格丝绸织物

图 7-12　格状丝绸织物

第七节　传承人专访

　　因在实地访问中，没有遇到传承人魏耀琳先生，我们采访了华裕丝绸有限责任公司副总郭明伟先生。

一、请问：现在织物的丝绸来源是哪里？

　　郭明伟老师：我们购买的原材料，一般是从东北、河南等地，那边盛产柞蚕丝。所以我们的供货源也都是那边的缫丝厂。

二、请问：织物最后售卖到国内还是海外？

　　郭明伟老师：国内国外都卖，之前主要是出口。出口的国家，集中在西欧和美国；日本也有一些，日本主要进口制作和服的丝绸织物。

三、请问：因为看到咱们这边有厂房，那咱们的柳疃丝绸技艺是如何运用到批量生产中的呢？

　　郭明伟老师：以前的制作都是手工完成，重点在于原材料的不同。在机器化生产中，只要把手工技艺改成机器生产就行。

四、请问：咱们厂子的产量如何呢？

郭明伟老师：产量的话，一个月十几万匹吧。

五、请问：咱们柳疃丝绸技艺在产业化的过程中遇到了什么样的瓶颈呢？或者有什么样的困难？

郭明伟老师：那现在丝绸行业的困难太多了。第一，原料太贵了，涨价特别快，就这一年多的时间，丝的价格涨到原来的1.5倍。第二，人不够用，现在都不能说是人力太贵，那是压根没有人。因为做丝绸，必须三班倒，不能停机，而现在的年轻人没有干这一行的。丝绸这个行业的利润率是比较低的。现在不像20世纪八九十年代，有的是来做这份工作的人。

六、请问：现在工厂工人的年龄集中在哪个年龄层？

郭明伟老师：都是岁数比较大的，老工艺了。因为丝绸的纺织不像其他面料的纺织，它有一定的技术含量。你就像社会上织棉的工人过来是织不了丝绸的，他达不到丝绸质量的要求。

七、请问：咱们柳疃丝绸的制造技艺和其他面料的制造技艺相比难在哪里呢？

郭明伟老师：第一，丝绸的纱线更细，在制造的过程中要随时修整，而修整的过程是有技术要求的。第二，在制造的具体操作过程中，强力不同，所以操作要更细心，更有技巧。比如新学徒跟着师傅来学习，一年的实践根本不够用，织倒是都能上手，但上好的质量要求肯定是达不到的。因为织物的质量反映到价格上，它的差距非常大。

八、请问：在柳疃丝绸手工艺传承的过程中，遇到了这么多的困难，有没有想过要怎么继续传承下去呢？

郭明伟老师：传承不是那么好传承的，现在呢存在产业转移的情况，那我们的丝绸行业也往偏远的省份转移。现在桑蚕丝的产量70%已经转移到广西去了。原来是浙江、江苏、四川还有山东都是养蚕大省，可是现在很少了，所以我们现在买桑蚕丝也都到广西去。但要想买上好的丝绸的话，还得在山东日照那边。

九、请问：柳疃丝绸手工艺制品的售卖情况怎么样？

郭明伟老师：柳疃丝绸手工业制品买的人是越来越少了。当然你如果想要手工艺制品，那价格相当贵，毕竟劳动力成本高，要的人也是个别几个，比如从国外回来想要找一些"老东西"的。

第八节 传承现状与对策

一、传承现状

从本质上来说，柳疃丝绸技艺作为传统的手工技艺，属于农耕文明。随着工业文明的不断深入，传统的适应于农耕文明的手工技艺受到市场经济的不断冲击，逐渐被工业生产所取代，已趋于瓦解的边缘。在山东省2006年公布的第一批成功申报入选的省级非物质文化遗产名录的名单中，柳疃丝绸技艺作为18项传统民间手工技艺之一，赫然在列，成为与历史记忆相连的收藏品和文化遗产。随着市场经济的不断发展，传统的手工技艺已经被大型机器生产所代替，由于传统手工技艺人力成本高，生产时间长，相比于现代化生产效率低，使得传统手工艺发展难以为继，许多与丝绸相关的企业纷纷破产。另外随着城市化不断发展，当年的桑田鱼塘早已被林立的高楼大厦所取代，原材料价格屡创新高，成本激增，也使得传统行业难以为继。从传承人方面考虑，传统织造工艺人年岁较高，年轻人中对传统技艺的学习较少，使得传承人在年龄层方面出现断裂，也加剧了传统技艺出现的传承危机。

面对柳疃丝绸技艺生存、保护和发展遇到的情况和问题，2014年昌邑市华裕丝绸有限责任公司的魏耀林成功入选山东省第四批省级非物质文化遗产项目代表传承人，并在政府的鼓励支持下成立了柳疃丝绸制作技艺传习所。传习所的建立，为柳疃丝绸的传承与保护起到了很好的作用，通过对传统手艺的学习和继承，有助于传统手工技艺的不断发展，使之得以更好地延续下去。

143

二、传承对策

针对柳疃丝绸技艺的现状，借鉴其他手工工艺项目在传承、保护和开发方面的经验，需要着重要做好以下几个方面的工作：

（1）保护柳疃丝绸技艺非物质文化遗产继承人。多年从事民间文艺抢救工作的冯骥才说："非物质文化遗产是十分脆弱的，往往是'人死艺亡'。传承人是非物质文化遗产的灵魂，如果没有传承人，非物质文化遗产根本不会存在。"对非遗传承人的物质生活要切实保障，多去关心照顾他们。除了物质生活上做到保障之外，也要时刻关心他们的精神生活，多与他们进行沟通交流。考虑年龄这一方面，要切实建立影像档案，通过对非遗传承人的生活以及手工技艺的记录，有助于了解传统手工技艺的精髓，传承的不只是技艺，更是老一辈手工艺者的精神。

（2）建设柳疃丝绸制作技艺传习所。建设柳疃丝绸制作技艺传习所，通过教学，让更多的年轻人掌握这一传统技术。通过视频、图像的方式将柳疃丝绸这一非物质文化遗产传承人织造的过程予以记录，有助于传统手工技艺的传播。在传习所里配备相应的生产设备，通过亲身实践传统手工柳疃丝绸的全部过程，加深对传统技艺的了解。

（3）加强对柳疃丝绸技艺的宣传。建立柳疃丝绸技艺非物质文化遗产博物馆。博物馆主要从事收集、展览、宣传等工作。广泛收集关于柳疃丝绸技艺非物质文化遗产传承人手工织品、相关的生产设备以及各类图片，完整地再现柳疃丝绸的辉煌成就；以科学的方式进行展览、储存、维修，将现有的柳疃丝绸非物质文化遗产得以良好的保护；与此同时，在博物馆中播放关于柳疃丝绸非物质文化遗产的制作视频与宣传手册，为前来参观的观众予以展播，让后来人永远铭记祖先创造的精神财富。另外，随着计算机的快速发展，通过 VR 技术和虚拟网络媒介的传播，在互联网上呈现出博物馆展厅，使展馆的受众范围不断扩大，受众年龄层面不断扩大，有助于对非物质文化遗产进行多层面、多方位、立体的传播。

（4）拓宽柳疃丝绸非物质文化遗产保护路径与开发方式。举办柳疃丝绸非物质文化遗产技艺大赛，从比赛中，让参与者感受柳疃丝绸手工技艺的美妙，激发出他们的创造力和想象力；联合高校开展柳疃丝绸非物质文化遗产商业模型创新比赛，从高素质人才角度深入挖掘、探索柳疃丝绸非物质文化遗产的保护路径与开发方式，在探索商业模式的过程中也将柳疃丝绸非物质文化遗产的传承融入高校的第二课堂中。

（5）加快传统产业与高新技术产业融合。传统产业与高新技术产业两者并不是对立的，是可以共同促进发展的。通过对高新技术的引进，在保留传统技艺的基础之上，充分借鉴和利用多种行业的高新技术成果也可以推动传统丝绸行业的快速发展。通过引进先进的设备，在继承传统手工艺的同时，又对传统工艺进行大胆的改进，使之越来越多元化，赋予柳疃丝绸新的生命力。

第八章

微山渔家虎头服饰

微山渔家虎头服饰是山东省济宁市微山湖沿湖一带广泛流传的手工布艺品，是当地渔民依据风俗制作的用来辟邪镇恶的虎头服饰制品，它见证了微山湖区人民的生活变化，承载着当地的风俗习惯。其起源已有三百余年的历史。微山渔家虎头服饰系列主要包括虎头襻子、虎头鞋、虎头帽、虎头手套、布老虎及双面虎头手提包等，每个系列又可以根据制作艺人们的个人爱好变换为百种造型不一、神态各异的虎饰工艺品。2009年，微山渔家虎头服饰被收录为山东省第二批省级非物质文化遗产名录项目，名录类别为传统技艺，如表8-1所示。2010年，济宁市微山县的民间艺术家、微山渔家虎头服饰的制作者殷昭珍女士被评为济宁市第二批市级非物质文化遗产项目的代表性传承人，如图8-1所示。

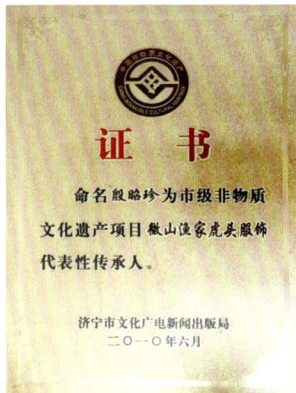

图8-1 济宁市市级非物质文化遗产项目微山渔家虎头服饰代表性传承人证书

表8-1 微山渔家虎头服饰

名录名称	微山渔家虎头服饰
编号	VIII-24
名录类别	传统技艺
名录级别	省级
申报地区或单位	济宁市微山县
代表性传承人	殷昭珍

第一节 起源与发展

一、起源

说起微山渔家虎头服饰的渊源，不得不先提到我国的虎文化（图8-2）。虎文化是我国传统文化的一个重要组成部分，是权力和力量的象征，被人敬畏。秦汉以前，虎文化与龙文化一起被世人尊崇。后来，秦王嬴政统一六国并建立起了大秦帝国，龙被皇帝定义为王权的象征，龙的图案也成为皇室专用，官员只能穿戴有虎纹样的服饰。因此，虎在我国民间成为无数百姓心中的吉祥物与保护神，虎文

图8-2 虎文化

化也在历史发展的长河中，逐渐演变成为中国的图腾文化之一。我国传统的文字、文学、小说、诗歌、语言、绘画、雕塑、戏曲、民俗以及民间广泛流传的神话传说、故事、儿歌等各个领域中，都可以清楚地找到虎文化的踪迹，它早已成为我国文明不可缺少的一部分。汉代应劭的《风俗通义》中说道："虎者，阳物，百兽之长，能执搏锉锐，噬食鬼魅。"《中华文化通志》记载：虎饰制品在中国历史上源远流长，清代则仿造虎的造型制作儿童的服饰及玩具，用来辟邪镇恶。微山渔家虎头服饰从清代算起到现在已有三百多年的历史，它既是我国虎文化的一部分，又在虎文化的基础上做了传承和发展。

除了史料记载以外，关于微山渔家虎头服饰的起源，在当地还流传着这样两个神话传说：

其一，很久以前，微山湖上有一位摆渡人，每天都默默地为当地的人们无偿摆渡。在一个风雨很大的夜晚，一位老婆婆突然出现想要过河，摆渡人不顾天气的恶劣像往常一样热情地把她送到了湖的对岸。老婆婆被摆渡人的热情所打动，临走的时候为感谢他，就送了他一幅画。摆渡人回家打开之后发现画中竟有一位穿着绣花虎头鞋的美丽女子。不久，他们俩就结为了夫妻，并育有一子，起名虎子。摆渡人每天去渡人打鱼，女子就在家做饭照顾孩子。好景不长，当地的一个大恶人见摆渡人妻子美貌，就想霸占其为妾。摆渡人妻子见那人心怀歹意，一气之下便回到了画中，只留了一只虎头鞋。后来，还是在一个风雨交加的夜晚，老婆婆出现了，她告诉摆渡人，让虎子穿上虎头鞋，就能找到他的妻子。于是，摆渡人让儿子穿上了虎头鞋，虎头鞋突然就变成了老虎，并咬死了那个恶人，摆渡人一家人也得以幸福团聚。从此，虎头鞋在当地成为了吉祥如意的象征，每年每户人家都要给家里的孩子制作虎头鞋。

其二，有一年，微山湖湖水肆虐上涨，周围的村子都被湖水淹没了，人们无奈只能生活在湖面上。后来湖水退去，人们发现很多孩子莫名其妙地不见了，他们认为是湖里的水妖在作怪，偷了他们的孩子。于是村子里的女人们联合起来以虎为模型制作出虎头鞋、虎头帽等虎饰制品穿戴在孩子身上。从那以后，微山湖再也没有发过大水，村里的孩子也没有再失踪，虎头服饰也因此成为一种传统流传了下来。

民间传说给微山渔家虎头服饰蒙上了一层神话色彩，表达了当地人对生活的美好向往，以及对家中孩子的无比热爱。虽然有虚构的成分，但至今在微山湖沿湖一带还流传着新生男婴儿过满月，外婆家要送虎饰衣帽的风俗。图8-3为微山渔家虎头服饰的作品之一的布老虎。

图8-3　微山渔家虎头服饰产品——布老虎

二、发展

山东省济宁市微山县是一个自然资源极为丰富的地区，历史的更迭在当地也留下了丰富的人文资源。也正因此，微山湖渔民们独特的生活方式创造出了独一无二的微山渔家文化和服饰风格。悠久的历史渊源，加之人们对美好生活的热切向往，微山渔家虎头服饰也正以其独特的姿态在世人面前展示。

殷昭珍女士是微山渔家虎头服饰的代表性传承人，她从小就受到了家人的熏陶，6岁起就开始学习剪纸、绣花以及缝制虎头服饰等。18岁时，她嫁到微山岛大官村，之后就常为家里以及周围亲戚的孩子们做一些虎饰衣帽。她的针绣作品有布老虎枕、老虎鞋、虎头褡子、绣球等十余种。剪纸作品有：鲤鱼跳龙门、二龙戏珠、王小卧鱼、龙凤呈祥、鱼娃闹春、二孩挣宝及铁道游击队纪念园（碑）等一百多种。她的剪纸作品在1991年和1998年分别获济宁市农民文化艺术节优秀奖（首届）及一等奖（第五届），并被济宁市博物馆收藏。2004年2月，她的作品"布老虎枕头"荣获济宁市民间民俗艺术精品展览一等奖；2006年6月，作品"虎头褡子、布老虎、虎头手套"等工艺品在山东省（国际）文化产业博览会上展出；2006年10月，微山县文化局组织民间手工制品赴法国参加欧中首届外贸、招商引资项目对接会暨孔子故里民间文化产品展示推介活动，她的渔家虎头服饰也赫然在列；2006年12月，殷昭珍女士被济宁市文化局授予"济宁市民间艺术家"称号；2008年9月，"微山渔家虎头服饰"系列在山东省文化产业博览会济宁分会场曲阜孔子文化会展中心展出。

目前，微山渔家虎头服饰已经成功被收录为省级非物质文化遗产名录项目。殷昭珍女士也成为市级非物质文化遗产代表性传承人，她的事迹先后在微山电视台、济宁电视台、山东电视台《山东各地》栏目、中央电视台《走遍中国》栏目播出。《微山年鉴》（图8-4）、《微山湖色》（图8-5）、《大众数字报》及《东方烟草报》（图8-6）等也对其作品和事迹进行了详细介绍和报道。

图8-4 《微山年鉴》对殷昭珍的作品和事迹进行了收录

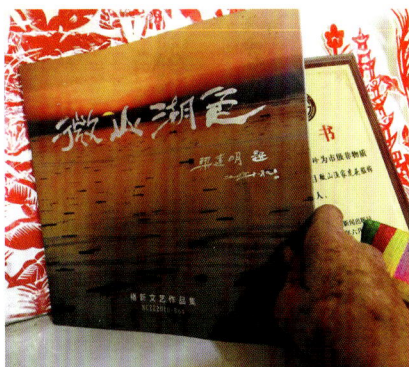

图 8-5 《微山湖色》为殷昭珍拍摄作品集

图 8-6 《东方烟草报》对殷昭珍所作的专题报道

三、所获荣誉

微山渔家虎头服饰代表性传承人殷昭珍一生酷爱微山渔家虎头服饰的加工制作，她从事这门艺术已有 80 余年。从 20 世纪起，她的作品在中央和地方均得过奖，所获奖项不胜枚举，大多被济宁市博物馆及微山县文化局收藏，在她经营的卷烟小商店里也摆有一些，其获得的部分荣誉如表 8-2 所示。

表 8-2　微山渔家虎头服饰代表性传承人殷昭珍所获部分荣誉一览表

时间	颁奖单位	所获奖项	图片展示
1991 年 2 月	济宁市首届农民艺术文化节领导小组	剪纸在济宁市首届农民文化艺术节农民艺术作品展中荣获优秀奖	
1998 年 2 月	济宁市博物馆	剪纸作品五幅被济宁市博物馆收藏	
1998 年 2 月	济宁市文化局、济宁市文物局	工艺品《剪纸》在济宁市第五届农民文化艺术节民俗工艺美术品博览会中获一等奖	

时间	颁奖单位	所获奖项	图片展示
2006年12月	济宁市文化局	获"济宁市民间艺术家"称号	
2011年3月	中共微山岛乡委员会、微山岛乡人民政府	非遗文化传承特殊贡献奖	

第二节　风俗趣事

一、立志将微山渔家虎头服饰发扬光大

　　微山渔家虎头服饰在微山湖沿湖一带已流传了300多年，目前传承和参与学习微山渔家虎头服饰制作的，除了微山岛乡大官村殷昭珍女士之外还有：微山县昭阳街道新建村的胡宪兰女士、昭阳街道爱湖村的袁福荣、杨成英、沈运清等人。她们都立志于将这门艺术发扬光大，将它的质朴宪展现给世人。

　　早在1986年的时候，胡宪兰女士的微山渔家虎头服饰作品虎头褂子就参加了全国民间工艺美术作品展览，得到美术界的好评。1987年，在国家有关部门和民间协会的共同努力下她的作品被批准赴香港展出，获得了香港美术界的一致好评。这给了殷昭珍女士很大的启发，也正是从那时起，她暗暗下定决心，要努力把自己的作品展现给世人，让大家接触学习这门艺术，和胡宪兰女士一道把这门艺术传承下去。

　　几年之后，殷昭珍的梦想终于实现了，并且结果完全出乎了她的预期。2004年她的作品"布老虎枕头"荣获济宁市民间民俗艺术精品展览一等奖；2006年，她的作品被微山县文化局组织的民间手工制品赴法国参加欧中首届外贸、招商引资项目对接会暨孔子故里民间文化产品展示推介活动选中。从在国内的小有名气，到作品走出国门享誉海外，殷昭珍女士一直默默地努力着。她常说："我缝制布老虎不为赚钱，只希望能把这项手工艺技能传承给下一代，把它发扬光大，不让它在我们这一代人手里失传。"

二、外国友人慕名而来

随着殷昭珍女士的作品逐渐打开名气，越来越多的人了解和喜爱微山湖这一红色渔乡里特有的虎头服饰作品，慕名而来的游客也是数不胜数，不仅国内游客前来购买，还有学生、记者、外国友人前来问询。在殷昭珍女士经营的一家卷烟零食小店里，布满了大大小小的布老虎和莲花等布艺作品。虽然很多人都来买她的作品，但殷昭珍女士说她印象最深刻的还是有一次一个美国人来买布老虎。

2015年的一天，她跟往常一样打开小店，不多时就来了两个特殊的顾客，其中有一个外国人。经过聊天才知道，原来那个人是美国人，听朋友介绍说殷昭珍女士的布老虎不仅模样精致，而且还有驱邪镇恶的寓意，于是他专门从北京赶到这里，希望能够多买一些回去。然而当时殷昭珍女士刚给市博物馆做了一批用于珍藏，并没有太多的作品剩下了，而一只布老虎制作下来至少需要10天。无奈之下，她只能饱含歉意地将店里仅剩下的五只布老虎全部卖给了他。殷昭珍女士说："毕竟人家是真的喜欢我的作品，而且从北京大老远来到咱们这穷乡僻壤的地方，还是国际友人，我真的希望他能多带走一些。"

第三节　制作材料与工具

虎头服饰的制作原料多为常见的棉布、丝绸、条绒、长毛绒面料和彩线、金银线等，布老虎肚子里的填充物以前是锯末、谷糠等，现在经过艺人们的改良，多用腈纶棉等填充，虎头面一般用刺绣、剪贴等方法缝制而成。其产品制作所需的主要材料和工具如下。

一、剪刀

剪刀是微山渔家虎头服饰制作过程中必不可少的工具之一，许多布料的裁剪都离不开它。目前，殷昭珍女士所用的剪刀是微山县里的老师向她学习时赠送给她的，如图8-7所示。

二、针、线

针、线是缝制微山渔家虎头服饰的主要工具之一，殷昭珍女士所用的线多为细棉线，如图8-8所示。她认为没有好的材料就做不出好的作品，所以她现在所用的

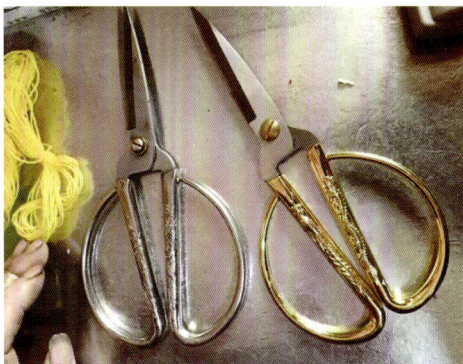

图8-7　剪刀

针线都是自己的孙子和外孙专门从北京寄回来的。

三、彩笔

彩笔是用来给作品表面画纹样的工具，殷昭珍女士现在所做的布老虎就是把碎布片拼接起来之后，用水彩笔在上面画出龙凤的纹样，来达到美观的效果，如图8-9所示。

图8-8 针、线

图8-9 殷昭珍女士用水彩笔所画的龙凤纹样

四、五色花布及丝绸

微山渔家虎头服饰的作品大多使用五色花布或者丝绸进行缝制，五彩的颜色给人一种赏心悦目的感觉，如图8-10所示。

图8-10 五色花布及丝绸

五、袼褙

袼褙是用碎布或旧布加衬纸一层一层地粘在一起裱糊而成的厚片，多用来制作布鞋、纸盒、书套等物，其制作原料多为穿过的破旧衣服、碎布片等。

做好的袼褙在制作微山渔家虎头服饰时，一般有三个用途，一是做鞋底，二是制作布老虎的眼睛（图8-11），三是做虎头襻子的襻子头（图8-12）。

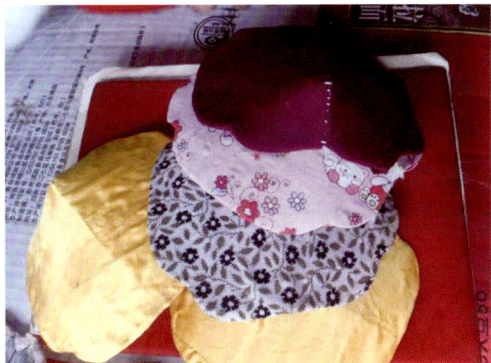

图8-11　用袼褙制作的布老虎的眼睛内衬

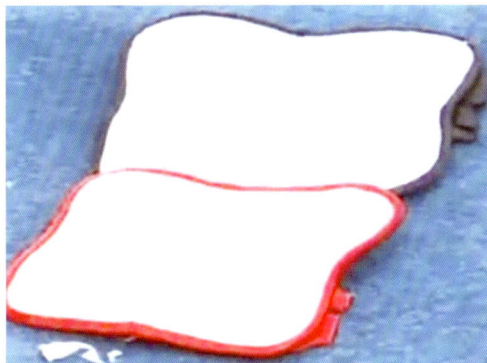

图8-12　用袼褙制作的襻子头

六、穗子

穗子是丝、绒等扎成的如禾穗状的饰物，在制作微山渔家虎头服饰时是一种很常见的材料，如布老虎的虎皮上就铺着一层穗子。穗子的使用并没有固定的要求，一般根据艺人自己的喜好，但大多用于装饰作品，如图8-13所示。

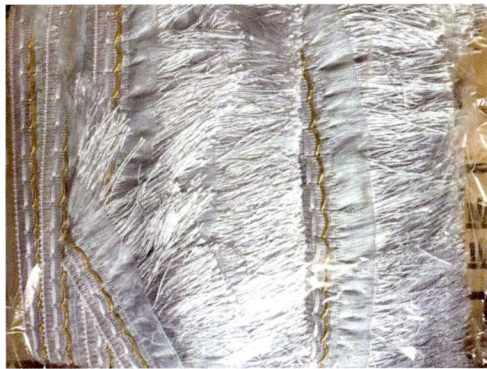

图8-13　色彩鲜艳的穗子

七、棉花

棉花如图8-14所示，因为棉纤维比较柔软，而且环保，故棉花是微山渔家虎头服饰常用的填充材料。

八、箔纸

箔纸是一种由金属箔膜和原纸两种材料构成的复合纸。正面熠熠闪光，反

图8-14　棉花

面以纸衬托。多用于装饰或包装物品，如图8-15所示。

图8-15 箔纸

九、丝线及五色线等

丝线和五色线多用来制作绣球的穗子及虎须，它们的使用是民间艺人在时代发展的过程中逐渐发掘出来的，这样制作出来的虎头作品才非常美观，丝线如图8-16所示，五色彩线如图8-17所示。

图8-16 丝线

图8-17 五色彩线

第四节 制作工艺与技法

微山渔家虎头服饰的制作工序主要包括剪纸样、裱布、粘贴缝制、组合缝制等，如图8-18所示。每一道工序都要认真准备，尤其缝制过程中要一针一线严格比对，这也是殷昭珍女士的作品极为精致美观的根本所在。

剪纸样 ➡ 裱布 ➡ 粘贴缝制 ➡ 组合缝制

图8-18 微山渔家虎头服饰的主要制作工序

一、剪纸样

在微山渔家虎头服饰制作中，画样子是最基础也是最重要的工作。一般作品创作之前先要把样子画出来（图8-19），然后再用剪刀裁剪，因此，初学者要有一定的绘画和剪纸功底。如今殷昭珍女士已经无须画样子了，80多年的学习制作生涯已经让她达到了信手拈来的境界，如图 8-20 所示。

图 8-19　画样子

图 8-20　剪纸样

二、裱布

裱布，是渔家虎头服饰制作的一个准备步骤，这个过程包括制作袼褙（图 8-21）、把需要用到的纸片用布或者绸缎装裱起来。裱布时要全神贯注，以保证做出来的东西结实、美观。

三、粘贴缝制

粘贴缝制主要指的是对布艺虎头的制作。在这道工序里需要把晾干的袼褙剪成虎头的形状，大小需要根据制作作品的不同来调整。然后用颜色鲜艳的布把虎头包住，用针缝好。然后依次用五色布、白布、棉花、毛线、细线等材料制作老虎的耳朵、眼睛、鼻子和胡须等，再粘贴缝制在做好的虎头上面，如图 8-22 所示。

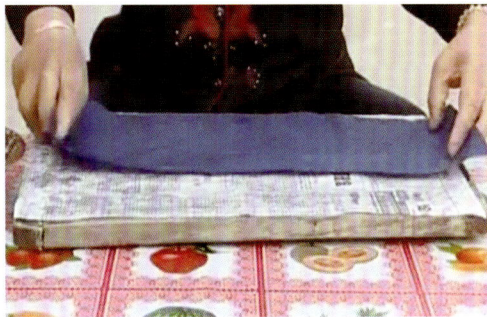

图 8-21　制作袼褙

图 8-22　正在缝制虎头的殷昭珍女士

四、组合缝制

组合缝制是制作微山渔家虎头服饰的最后一道工序，也是最为重要、最为复杂的一步，需要把虎头布艺的不同部分组合衔接起来，如虎头襻子的襻子头和襻子尾、布老虎的虎头和虎身。殷昭珍女士所做的布老虎系列还要用带珠子的穗子对布老虎的虎身进行装饰，这是别人所没有的，如图 8-23 所示。

图 8-23　组合缝制完工的布老虎

第五节　工艺特征与纹样

微山渔家虎头服饰植根于微山湖渔家文化的深厚土壤中，传承了微山湖一带原生态的人文价值取向，饱含着当地人民的民间信仰和风俗习惯。它的工艺特征可概括如下：

首先，为了显示出它驱邪镇恶的寓意，民间艺人们结合当地人的生活习惯和特征，所有的作品都有形态各异的布老虎头，形成了独特的"虎头"特色。如虎头鞋、虎头帽、虎头襻子等。

其次，微山渔家艺人们创新性地将袼褙普遍用于微山渔家虎头服饰的制作中，而不仅仅局限于虎头鞋的制作。袼褙的使用，体现了渔家妇人勤俭持家的特性，也是一次有益的创新。使用袼褙作为虎头工艺底衬，然后用五色布包裹起来，这样做出的虎头作品既结实又美观，再加上制作袼褙所用的几乎都是不用的废布或者破旧的衣物，环保又节俭，堪称一举多得。

再次，微山渔家虎头服饰充分结合了民间剪纸、刺绣、缝绣等多种制作工艺，去繁就简，它的制作不似刺绣那般讲究针法，但要求像缝绣那般一针一线手工缝制，曲线编排要紧密，不能太稀疏，也不能太紧密。此外，它虽与缝绣一样采用拼接的手法，但与缝绣单纯的色彩拼接不同的是，它采用头尾拼接的方式，其作品一般分为两大部分，一是虎头的制作，二是虎身或襻子或鞋底的制作。单独完成每一部分的制作之后采用针线拼接的方法将首尾缝接起来，饱含立体感。有时还需要铁丝等帮助固定，如殷昭珍女士所做的布老虎，虎头与虎身就是用铁丝和弹簧连接的，触碰之下，颇有动感。

最后，微山渔家虎头服饰对其作品的整体效果有所要求，它的工艺特性一般是跟渔家特色和当地风俗的结合，作品寓意吉祥，歌颂勇敢，有镇宅、驱邪之意。

第六节　作品赏析

微山渔家虎头服饰是结合民间剪纸、刺绣等制作工艺为一体的纯手工制作工艺品，它的制作以棉布为主要原料，采用手工缝制的方法，是集实用性和欣赏性于一体的美学艺术。鉴于其产品类型多种多样，现将其部分代表性作品展示如下。

一、虎头襻子

虎头襻子是岛上渔民在微山湖上行船打鱼时为防止儿童失足落水而专门制作的，襻子头从正面看是一个造型夸张的虎头形状，而且"襻子"的谐音是"盼子"，饱含着当地渔民的盼子之意，如图8-24所示。

二、布老虎

布老虎是微山岛居民给孩子们制作的布艺玩具，有驱邪之意，如图8-25所示。

图8-24　虎头襻子

图8-25　布老虎

三、虎头鞋和虎头帽

虎头鞋结实耐磨，有防滑暖脚的作用；虎头帽精致好看，冬天可帮助儿童防寒取暖，虎头鞋如图8-26所示，虎头帽如图8-27所示。

图8-26　虎头鞋

图8-27　虎头帽

四、绣球

绣球是殷昭珍女士根据传统习俗所做的布艺品，多用于室内装饰，寓意吉祥，如图 8-28 所示。

五、枕巾

枕巾是殷昭珍女士的主要作品之一，为民间嫁娶的嫁妆之一，上面绣有花草、鸳鸯，排针紧密，造型独特，饱含着对新婚夫妇的美好祝愿，如图 8-29 所示。

六、莲花布艺品

莲花布艺品取材于当地的湖景特色，每当莲花开放的时候，殷昭珍女士都会让人给自己摘一些回来。该作品红绿相配，别致新颖，如图 8-30 所示。

七、湖鸟和湖鱼布艺品

湖鸟和湖鱼布艺品的制作源于殷昭珍女士对生活的细心观察，它们造型小巧，色彩丰富，是微山渔家虎头服饰的特色作品，预示着渔民们对生活的热爱之情，湖鸟布艺品如图 8-31 所示，湖鱼布艺品如图 8-32 所示。

图 8-28　绣球

图 8-29　枕巾

图 8-30　莲花布艺品

图 8-31　湖鸟布艺品

图 8-32　湖鱼布艺品

第七节 传承人专访

　　殷昭珍女士在祖母和母亲的感染熏陶下，6 岁就开始学习绣花、缝制虎头服饰。如今，虽然已有 87 岁高龄，但是做起一生酷爱的"渔家虎头服饰"来她心思灵敏、手艺巧妙。在制作微山渔家虎头服饰的几十年间，殷昭珍女士一直兢兢业业、一丝不苟，她的作品曾荣获济宁市农民文化艺术节精品奖，并被济宁市博物馆、微山县文化局永久收藏。笔者对老人家进行了专访。

一、请问：您是如何走上微山渔家虎头服饰制作这条路的？

　　殷昭珍女士：说起这个，就要从我奶奶和我母亲说起。我记得当时我才 6 岁，奶奶给我做了虎头鞋、虎头帽，那时候我一个人经常抱着布老虎玩，看得久了就试着自己也去剪纸，做布玩具，那时候人小鬼大，做的东西也不好看。18 岁那年，我嫁到了微山岛上的大官村，那时候家里一贫如洗，什么都没有，衣服鞋子都要自己做，也正是那个时候我学到了很多关于虎头服饰制作的技巧，谈不上掌握了精髓，但自己的缝绣技艺精进了不少。后来我有了孩子，家里条件也在慢慢好转，每年我都会给孩子们做一些虎头制品，再后来孩子们一个个长大，各自都有了自己的孩子，我就给孙子们做布老虎、

图 8-33　殷昭珍女士开心地讲述她和微山虎头服饰的不解之缘

虎头鞋，就这样从一开始的学习，到后来的喜爱，再到后来的热爱，我觉得这辈子和微山渔家虎头服饰结了缘，不为挣钱，仅仅因为我太喜欢做了。图 8-33 是殷昭珍女士开心地讲述她和微山虎头服饰的不解之缘。

二、请您简单介绍一下微山渔家虎头服饰的发展历程。

　　殷昭珍女士：微山渔家虎头服饰是我们微山湖一带特有的东西，从小我就听老人们说起，在清朝的时候我们这里就开始做了，那时候做的东西没有现在好看。老一辈的渔家人对孩子都有一种特殊的感情，尤其是男孩子。那时家家户户靠湖吃饭，每天都在湖上奔波，孩子小，怕掉到水里，于是就给孩子们做了虎头襻子，用襻子带把

孩子拴在船上，这样就不用担心孩子掉到水里了。还有虎头鞋、虎头帽、虎头手套，因为我们这里人生活在岛上，水气特别重，一到冬天就特别冷，这些东西就是专门给孩子们取暖防寒用的。后来随着年代在变化，老一辈的微山岛人又做了肚兜、枕巾、玩具布老虎等。再往后，大概是2004年的时候，县里面来人说我的虎头布艺好，全国其他地方没有这些东西，希望带我的作品去参加展览。从那以后，慢慢地我的作品名气越来越大，济宁电视台的记者也来采访我，中央电视台还给我做了专访。听他们说，现在不仅我们这里的人知道我，全国其他地方的人也知道了我，知道了微山渔家虎头服饰，我打心眼里高兴。

三、请问：微山渔家虎头服饰的特色是什么？

殷昭珍女士：微山渔家虎头服饰是老一辈传下来特别实用的东西，像我刚才说的虎头袢子、虎头鞋、虎头帽等都是咱们渔民经常接触的东西。制作虎头服饰，最主要的是要塑造好老虎的形象，其他就没有太多的讲究了。做好的布艺品因为有虎头的装饰，有驱邪镇恶的寓意，小孩儿穿在身上或者拿在手里，那些小鬼儿什么的就不敢来找麻烦了。

至于特色，我们微山渔家虎头服饰结合了剪纸、缝绣、刺绣等多种技艺，做工精致、颜色也比较鲜艳，一些花纹也比较讲究，比如我最喜欢做的布老虎，上面画着一龙一凤，是我用水笔画出来的，这样比较吉祥、比较喜庆。制作绣球时，它的菱角是用细线一圈一圈缠出来的，这样才结实。图8-34是殷昭珍女士向作者介绍布老虎的纹样特色。

图8-34 殷昭珍女士向作者介绍布老虎的纹样特色

四、请问：在制作微山渔家虎头服饰的过程中，您都进行了哪些改良？

殷昭珍女士：我做微山渔家虎头服饰几十年了，很多作品都做过改动。比如布老虎，以前没条件，老虎肚子里面我就塞些麸子、锯末、布头、烂棉花，舍不得塞好棉花。后来生活条件好了，不愁吃也不愁穿了，我就用棉花塞，这样做出来的布老虎就特别的软和。再后来我发现简单地把老虎头和老虎身子缝起来，布老虎看着不精神，我就试着用铁条、弹簧把头先固定在身子上面，然后再缝起来。因为加了弹簧，现在我做的布老虎，头都是会动的，你可以试一试。试验成功之后，我又用小铁丝把老虎的眼睛和嘴巴固定住，这样做出来的布老虎就不会看着软趴趴的，比着之前做得要好很多，看起来也炯炯有神。

现在所有的东西都在变，我也想着给这些传统的东西加入一些现代的东西，不过老一辈的制作精华还是要保留的，做人不能忘本啊。

五、请问：在您制作微山渔家虎头服饰的几十年里，有什么让您感触颇深的事情吗？

殷昭珍女士：虽然这么多年过去了，很多事我都还记得。年轻的时候家里穷，白天去湖上打鱼，我就晚上做东西。因为热爱，一旦做起来就忘了吃饭，家里人就单独再给我做，因为这没少被家里人念叨。后来煤油不够用了，家里人就给我找来猪油点上。也许是那个时候养成的习惯，现在我晚上关了小店之后就一个人开始做活儿，有的时候坐得腰疼了就站着缝，一直到十一二点。后来我的作品参加农民艺术节在市里头拿了大奖，政府还出钱给我宣传，我特别开心。

因为有了宣传，知道我的人越来越多，我的作品销量也上去了。每年到了旅游的季节，游客们都来到我的小店，买这个买那个，他们都特别喜欢微山渔家虎头服饰，有的还是专门跑来买的，年前有个外国人一下子买了2000块钱的布老虎。

六、请问：现在还有人跟您学吗？您觉得他们有什么需要改善的地方？

殷昭珍女士：这几年有很多人来跟我学做微山渔家虎头服饰，但是大多都做不好。以前，家里的孩子太小，就没让他们跟我学做这些，后来只有三儿子的儿媳妇喜欢制作虎头服饰，我就耐心地教她。不过她做的还是少，火候不到，做的东西不那么精致。后来我被评为济宁市市级非遗代表性传承人，慕名前来参观学习的外地游客越来越多，每次我都热情接待并给他们认真讲解。但是他们没耐心，做不好，绣球的菱角也缠不好，老虎的眼睛嘴巴捏得也不像样，还比较歪，看着他们做成这样我心里特别着急。这么好的手艺，怎么就没人能坚持下来学习呢？我希望他们能够多一点耐心，仔细研究我们微山渔家虎头服饰的特点，多做多练，坚持下去，不能因为觉得不好做就放弃了。图8-35是殷昭珍女士那因几十年坚持不懈地创作而布满了皱纹的手。

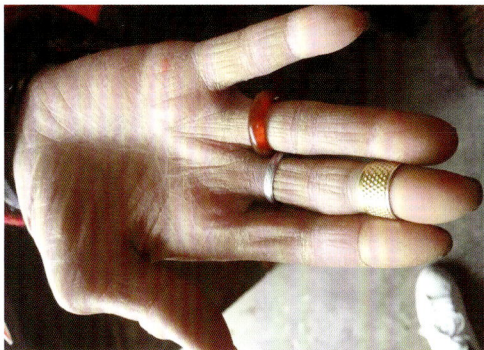

图8-35　几十年坚持不懈地创作让殷昭珍女士的双手布满了皱纹

七、请您简单介绍一下微山渔家虎头服饰的销售状况。

殷昭珍女士：以前我做这些是给孩子们穿的，后来街坊邻里都知道我喜欢做这个，逢年过节或者哪家要生小孩儿了，他们就会来找我定虎头鞋、虎头襟子什么的，图个喜庆。后来因为我做的东西在市里得了奖，很多人都找我买。有的时候订单太多，一个人做不来，我就把布老虎的身子做好，然后去村子里收别人做的老虎头，再把它们缝在一起。以前我做的东西都是 15、20 元的卖，后来涨到 50、80 元，稍大一点的布老虎两百多块。其实关于价格我也纠结，这些东西都是我一针一线缝出来的，普通的一只布老虎，我一个人至少要做十天。除了这些我做虎头服饰的材料都是我的孙子、外孙从北京买了寄给我的，质地都特别好。

八、请问：您觉得应采取什么措施才能更好地把这项技艺传承下去？

殷昭珍女士：关于传承方面，这些年我也特别着急。我特别希望能够有更多的年轻人来学，跟我一起把这项技艺传承下去。这些年，岛上一直偏重于旅游的发展，学习虎头服饰的人并不是特别多，而且很多人没有耐心学下去。现在很多年轻人过于看重金钱，为了高工资基本都出去打工了，很少有年轻人留在岛上。我希望政府能够重视这一点，可以把岛上的一些妇女们召集起来，鼓励她们学习微山渔家虎头服饰，如果能在资金上给点支持就更好了，毕竟初学者一开始做出来的东西不怎么好看，可能卖不出去。政府如果能把前期的投入解决了，慢慢地她们就会越做越好，做的东西能卖钱了，就会吸引更多的人学习，慢慢地就会传承下去了。

以前，除了记者来采访，还有很多学生啊、老师啊都来这里找我，有学剪纸的，还有学虎头服饰制作的，我都很热情地接待了他们，尤其是学生，你们的知识比较渊博，我希望你们写完书后能够寄给我一本，我放到小店里给来往的游客们看，这也是传承的一部分啊！

第八节　传承现状与对策

一、传承现状

微山渔家虎头服饰是微山湖沿湖一带的民间特色布艺制品，它植根于微山渔家文化的深厚土壤中，和当地的民风民俗交融在一起，见证了当地的历史变迁。但就目前而言，因为诸多问题的存在导致微山渔家虎头服饰的传承情况不容乐观，笔者简单概括如下：

1. 制作人员老龄化严重

目前从事微山渔家虎头服饰制作艺人的平均年龄已经超过 60 岁，尤其是殷昭珍女士今年已有 87 岁高龄。虽然他们现在身体还都比较健康，但是长时间的布艺制作，无疑会给他们带来不小的身体负荷。如不尽快培养年轻一代的接班人，这项技艺有可能面临失传的境地。

2. 产品制作存在限制

首先，微山渔家虎头服饰在制作上没有一个很固定的时间。很多制作艺人平时没有太多的时间进行虎头服饰的制作，一般他们都是在打鱼闲暇之时，或者有订单的时候才会紧急赶制一批出来。如代表性传承人殷昭珍女士，她每天早上起来还要开店营业，白天大部分时间都在经营自己的小店，只有到了晚上十点之后才能拿起针线进行缝制。平常如果县里没有举办会展或者没有订单的时候，她也不会制作太多的虎头服饰；其次，微山渔家虎头服饰因为是纯手工制作，制作时间过长，如一只中等大小的布老虎最少也需要10天才能制作完成。

3.销售前景堪忧

首先，微山渔家虎头服饰没有专门的营业商店，一般都是在自家的小院或者小房子里进行售卖，销售方式比较单一，如殷昭珍女士就是将自己做的虎头服饰摆放在自己的卷烟零售店里进行售卖。只有在旅游旺季，游人较多时才能多卖出一些。

其次，微山渔家虎头服饰的潜在购买者不多，一般多为因信奉当地习俗、在新生儿满月的时候要购买一些虎饰制品，又或者是当地渔民将其作为儿童的玩具进行购买，当然也有少量来微山湖旅游的游客将其作为纪念品而购买。

最后，微山渔家虎头服饰没有合理准确的定价方式，产品的价格完全由制作者根据自己的判断制定。价格太高，购买的人就越少，价格偏低，艺人们的收入就得不到保证，难以为继。

4.品牌效应不强

微山渔家虎头服饰虽被评为山东省第二批省级非物质文化遗产名录，但其在全国的知名度并不高，远不如蜀绣、苏绣等四大名绣。品牌小，消费者购买欲望不强，艺人们的收入就没有保障，会直接影响到其传承问题。也正是因为这个原因，没有企业愿意对其进行投资开发。

二、传承对策

作为民间艺术中的精品，微山渔家虎头服饰是拥有一定的发展潜力的。为保护这一珍贵的非物质文化遗产项目，也为使微山渔家虎头服饰能够早日摆脱当前的传承困境，实现跨越式发展，笔者结合当前国家、当地政府、企业以及高校为保护其传承和发展所做的努力，提出以下几点建议：

1.国家层面

近几年国家有关部门大力倡导非遗保护，并对很多非遗项目进行了普查和登记，但记录信息大多比较简陋。为有效保障微山渔家虎头服饰的传承，国家有关部门可联合当地文化部门深入微山地区进行调研，对从业艺人的相关信息及传承事迹进行更为细致的记录，根据微山渔家虎头服饰的传承情况制定一些专门的帮扶政策。

2.当地政府

当地政府要打造微山渔家虎头服饰的品牌，一要积极配合国家有关部门对微山渔家虎头服饰的传承调研工作；二要对渔家虎头服饰制作感兴趣的年轻人进行积极引导并尝试建立联系以求发展他们为新的传承人，扩大微山渔家虎头服饰的传承队伍；三是要积极牵头促成其与当地旅游业的结合，在旅游旺季游客比较密集的景区进行渔家虎头服饰系列大型展览，以此来谋求微山渔家虎头服饰的新发展；四是建立民间艺术培训中心，并举办培训班，请传承艺人讲解制作流程；五是可适当拨付资金并采用购买的形式对微山渔家虎头服饰制品收集存档并定期举办展览，以此来增强群众的民俗文化意识。

3. 企业层面

企业要结合市场需求，通过与传承人签约的形式进行投资，并做好对微山渔家虎头服饰精品系列的研制开发工作。保留传承的同时，对其进行适当的升级改造，以使其产品更加贴近生活、贴近大众，逐步形成文化产业链。

4. 高校

高校是非物质文化遗产保护工作的生力军，可以派专人去实地调研，详细询问微山渔家虎头服饰老艺人的制作工艺流程，尤其是他们从祖辈那里学习到的制作方法；同时应积极与制作艺人们进行联系，帮助整理微山渔家虎头服饰系列制品，并对每个传承艺人的虎饰制品加以研究分类，把艺人的手工制作特点加以区分并总结记录，对每个传承艺人的制作流程、制作方法和相关材料的使用等方面都加以细化，然后通过课堂授课或者著书立作的形式对微山渔家虎头服饰进行传承。

［1］刘畅．鲁锦织造技艺：齐纨鲁镐车班，男耕女织不相失 ［N］．中华网文化，2017-9-8.

［2］饶舜玉．老字号"精一坊"鲁锦，传承鲁锦技艺保护鲁锦 文化［N］．鲁网综合，2015-12-25.

［3］魏鹏．曹州堆绣：以田园风光为载体，以仿生为主流 ［N］．大众网，2013-12-16.

［4］陈震．刘宪堂：曹州堆秀新大师［N］．中国山东网菏泽频 道，2014-3-26.

［5］宋娉婷．蓝印花布在家居软装饰中的应用分析［J］．环 球人文地理，2014（20）.

［6］颜姗姗．临沂蓝印花布的纹样研究［D］.淮北：淮北师范 大学，2013.

［7］陈颖娴．蓝印花布之图案浅析［J］.大众文艺，2012 （24）:158-159.

［8］夏晓钰．城镇化进程中山东蓝印花布变迁研究［D］.山 东：山东工艺美术学院，2016.

［9］魏晓娟．蓝印花布纹样的应用研究［D］.浙江：浙江农林 大学，2012.

［10］李丹．民间传统服饰蓝印花布图案浅析［J］.山东纺织 经济，2015（11）：61-63.

［11］张强．饰必有意；意必吉祥——以嘉祥蓝印花布为例谈 起［J］.济宁学院学报，2012，33（05）：81-84.

［12］穆慧玲．山东民间蓝印花布的审美特征及其造物思想 ［J］.丝绸，2014，51（02）：60-64.

［13］乳山镂绣：百年手工艺品旗帜的孤独［OL］.用户好客银滩的新浪博客.

［14］乳山滨海新区网. http://www.rsbh.net/news/201406/24/news_1666.html.

［15］威海新闻网. http://www.whnews.cn/weihai/node/2011-12/14/content_5172353.htm.

［16］掌上乳山. http://www.yxtvg.com/toutiao/5296030/20171223A0EYSS00.html.

［17］网易新闻. http://news.163.com/11/1227/03/7M8GPFVN00014AED.html.

［18］山东省人民政府网. http://www.shandong.gov.cn/art/2009/11/5/art_2661_167937.html.

［19］中国日报网. http://www.chinadaily.com.cn/hqgj/jryw/2011-12-27/content_4794154.htm1.

［20］许江.江南蓝印花布旅游纪念品设计开发研究［D］.江南大学，2009.

［21］搜狗百科. http://baike.sogou.com/h71582479.htm?sp=l165520551.

［22］曾思艺.对中国传统文化传承的忧虑——关于《中国结》［J］.邵阳学院学报（社会科学版），2011-10：77-80.

［23］赵梦秋.枣庄地区民俗美术形式研究［D］.淮北师范大学，2012.

［24］大众论坛. http://bbs.dzwww.com/thread-46314086-1-1.html.

［25］齐鲁网. http://yx.iqilu.com/2016/1029/3138399.shtml.

［26］王萌.浅析"微山渔家虎头服饰"的民俗价值［J］.文艺生活旬刊，2011（9）:139-139.

［27］农村大众数字报. http://paper.dzwww.com/ncdz/data/20101021/html/6/content_1.html.

［28］山东省人民政府网. http://www.shandong.gov.cn/art/2009/11/5/art_2661_167937.html.

［29］梁伟 . 虎年话虎——虎是人们的吉祥物与保护神［J］. 大舞台，2010（2）:96–98.

［30］360 百科 . https://baike.so.com/doc/3789862–24807648.html.

［31］中国摄影报 .http://dz.cppfoto.com/activity/showG.aspx?works=74864.

［32］杨珍 . 微山渔家虎头服饰传承与发展研究［J］. 文艺生活·文艺理论，2016（4）:171–171.

［33］百度文库 . http://baijiahao.baidu.com/s?id=1590358691286864043&wfr=spider&for=pc.

［34］杨珍 . 简析微山县非物质文化遗产传承人队伍建设情况［J］. 大众文艺，2016（1）：2.

［35］新浪博客 .http://blog.sina.com.cn/s/blog_6d0ba66f0100mrou.html.

［36］枣庄市文化广电新闻出版局 .http://www.zzwgx.gov.cn/.

［37］王函 . 鲁锦艺术探究［D］. 南京师范大学，2013.

［38］佚名 . 民间布艺 瑰丽千年［J］. 科学之友（上半月），2015（12）：17–18.

［39］尹学慧 . 枣庄地区生产习俗二则［J］. 民俗研究，1990（1）：103–103.

［40］李海流，陈允沛 . 民间工艺的奇葩——鲁南布艺［J］. 东方收藏，2012（6）：83–83.

［41］蔡群，刘宪标 . 微山湖畔的渔家［J］. 旅游，2005（4）：74–79.

［42］任雪玲 . 谈鲁锦艺术及其发展［J］. 江苏丝绸，2005（3）：28–31.

［43］熊洪俊，时培京 . 枣庄"非遗"：精美的文化大餐［J］. 走向世界，2017（10）:76–81.

［44］李雅梅 . 浅谈电视媒体在非物质文化遗产保护中的作用［J］. 枣庄学院报，2012,29（4）：137–138.

［45］李秋香 . "粗布"不"粗"——探析鲁锦艺术［D］. 陕西师范大学，2011.

［46］魏济生 . "鲁西南记忆"之定陶民俗文化管窥［C］.// 山东省民俗

学会 2013 年年会暨中国石榴文化学术研讨会论文集.2013.

［47］苑肇波，陈震.碎布片贴出"画意"［J］. 农业知识，2013（28）：5-6.

［48］王大海.走进非物质文化遗产——中国鲁锦艺术［J］.齐鲁艺苑， 2008（4）：90-92.

［49］化东."乡而不俗，土而不粗"——论鲁锦艺术的延展［J］.大众文艺，2016（7）：79-79.

［50］陆泉.南通板鹞风筝传承人郭承毅及其艺术成就［J］.南通大学学报（社会科学版），2015，31（05）：144-149.

［51］沈九美，姜冬莲.蓝印花布的传承及其在文化创意产品设计中的应用［J］.美术教育研究，2015（07）:78-79.

［52］中国网.http://money.163.com/16/0104/14/BCG9TLQE00254TI5.html.

［53］姚旻辰.小学电脑美术有效教学策略探究［D］.南京：南京师范大学，2013.

［54］姜亦金.美丽宜居乡村建设背景下传统文化的传承和创新研究——以山东省寿光市为例［J］，人文天下，2017（15）：60-64.

［55］http://www.wenwuchina.com/article/201712/287057.html.

［56］https://baike.baidu.com/item/%E6%9F%B3%E7%96%83%E4%B8%9D%E7%BB%B8%E5%B7%A5%E8%89%BA/3185417?fr=aladdin.

［57］陈光宗.柳疃丝绸发展简史［J］.丝绸，1989（10）：41-43.

［58］孟祥风，李帅.产业强镇　商贸富镇　生态靓镇——"丝绸之乡"昌邑市柳疃镇书写发展新篇章［N］.潍坊日报，2016-9-12-003.

［59］朱文达.标准浇铸山东昌邑丝绸产业链［N］.中国质量报，2005-12-14-003.

［60］王俊芳.赵淑玉.柳疃丝绸的特色、兴盛及外传［J］.潍坊学院学报，2010（02）：30-32.